侯本祥 編著
萬里機構・得利書局 出版

健康從齒起

萬里機構wanlibk.com

健康從「齒」起

編著
侯本祥

編輯
師慧青

封面設計
朱靜

版面設計
陸永波

出版者
萬里機構・得利書局
香港鰂魚涌英皇道1065號東達中心1305室
電話：2564 7511　　傳真：2565 5539
網址：http://www.wanlibk.com

發行者
香港聯合書刊物流有限公司
香港新界大埔汀麗路36號中華商務印刷大廈3字樓
電話：2150 2100　　傳真：2407 3062
電郵：info@suplogistics.com.hk

承印者
中華商務彩色印刷有限公司

出版日期
二〇一二年四月第一次印刷

ISBN 978-962-14-4787-6

本書由上海科學普及出版社/北京日知圖書有限公司授權出版繁體字版

前言

　　牙齒被喻為「個人名片」，口腔健康與個人身體健康息息相關。

　　牙齒健康不僅是口腔問題，也與全身健康有密切關係。牙齒發生病變主要與細菌感染有關，而這些病變可能成為「病灶」，病灶內的細菌或毒性產物向其他器官或組織轉移，可引起其他器官的疾病或徵狀。一旦牙齒出現問題，往往殃及到耳、鼻、喉以及頭面部，不僅會引起這些部位的炎症，甚至可能會導致全身系統性疾病的發生。例如，牙周細菌一旦進入血液，在一系列作用下有可能發生血管阻塞，導致心臟病與中風……

　　目前，已知牙周炎與心血管病、糖尿病、胃潰瘍、肺炎、早產及低出生體重兒的關係密切，所以，從某種程度上講，牙齒健康與否，與人的壽命息息相關，不容忽視。

　　現代口腔醫學的觀點是：齲病和牙周病都是細菌感染性疾病，嚴格意義上講都是可以預防的。如果我們能很好地保護牙齒，到 80 歲的時候，完全可以有 20 顆自己的牙齒在口腔中工作，這已經達到世界衛生組織老年口腔保健的目標。但是，這需要培養良好的口腔衛生習慣，並且最好從 0 歲做起，貫徹一生。

　　愛護牙齒，從翻開此書開始！

任剛

2012 年 1 月

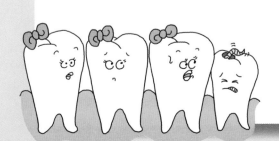

CONTENTS

目錄

Chapter 1 認識牙齒

Chapter 2 11 大牙病

Chapter 3 牙齒健康關係壽命

Chapter 4

不放棄每一顆牙齒

Chapter 5

護牙技巧ＡＢＣ

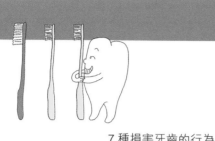

Chapter 6

牙齒美麗指數

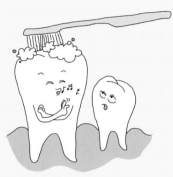

Chapter 1 認識牙齒

咀嚼食物、幫助發音，牙齒維持着人類最基本的生存和生活過程。可它是怎樣萌芽、成長的呢？究竟我們該有 28 顆牙齒還是 32 顆牙齒？在漫長的人生歲月中，它又會經歷哪些病痛與考驗？

現在，對着鏡子，來認清我們的牙齒。

一顆牙齒的「隱私」

健康從「齒」起，先從單顆牙齒說起：

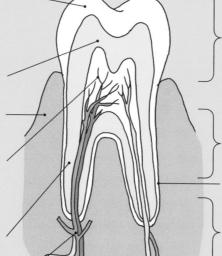

砝琅質 / 牙釉質
牙齒的最外層，雖然只有 0.5~2.5 毫米，卻是人體中最堅硬的部分，其硬度幾乎與水晶相當。

象牙質 / 牙本質
砝瑯質和牙骨質裏面的一層，其顏色的深淺會影響牙齒的顏色。

牙齦

牙骨質
緊貼在牙根表面，自我修復能力很強，是保護牙根和固定牙齒的「護衛軍」。

牙髓腔
牙齒的中間部分，裏面佈滿了神經、血管和淋巴管，正是因為它們，牙齒才有感覺。

血管

牙冠
張開嘴巴時看到的牙齒被稱為牙冠，它只是整個牙齒的一部分，它與外界接觸最多，身體既白又光滑。

牙頸
連接牙冠和牙根。

牙周膜

牙根
深深紮根在牙齦裏。牙冠需要的營養就來自牙根。

神經

牙醫告訴你

砝瑯質、象牙質和牙骨質是牙齒的「三劍客」，屬牙齒的硬組織。

牙周組織包括牙齦、牙周膜和牙槽骨，與牙骨質共同完成支持牙的功能。健康的牙齦呈粉紅色。牙周膜是環繞牙根的緻密結締組織。對牙齒來說非常重要，能承受日常咀嚼的外力，避免牙齒受傷，被稱為「牙齒的緩衝器」。

砝瑯質雖很堅硬，卻經不住酸性物質的長期腐蝕。一旦被破壞，細菌就會侵入牙齒內部，導致一系列牙齒問題。而不潔淨的口腔卻是引起砝瑯質損壞的致命因素。

一群牙齒的「關連」

牙齒是個「大家庭」，是由 28~32 個「兄弟」構成。
而不同的「兄弟」有着不同的本領：

門牙 / 切牙： 吃水果時，門牙像水果刀一樣「站」出來，切割整塊食物。

犬齒 / 尖牙： 犬齒就像一把銳利的尖刀，能撕裂非常有韌性的纖維，
　　　　　　如豬腳。

臼齒： 負責把分割好的食物磨碎。

牙醫告訴你

門牙對發音也有很大的影響，一旦
缺失，說話時就會漏氣。
犬齒能支持面部的輪廓，一些犬齒
畸形的愛美人士如果錯誤地拔除了犬齒，會導致面
部輪廓塌陷。

一群牙齒合起來對付我們。

乳齒恒齒「接班記」

一般情況下，人的一生有兩副牙。

第一副是乳齒，在胚胎的第 10 週就開始發育了，從乳齒牙胚開始慢慢形成牙齒。嬰兒一般從 6 個月左右開始出牙，兩年左右的時間牙齒就會出齊，總共 20 顆。

乳齒是寶寶重要的咀嚼器官。健康的乳齒，有助於胃腸消化食物，可為生長發育非常旺盛的寶寶提供必需的營養。乳齒能發揮良好的咀嚼功能，產生功能性刺激，有助於寶寶頜面部正常的發育。同時為恒齒萌出預留間隙，誘導恒齒正常萌出。乳齒期也正是寶寶學習發音和講話的重要時機，健康的乳齒有助於正確發音。

出牙的順序是有一定規律的，通常情況下，下牙萌出的時間比上牙早，第一乳臼齒也比它前面的犬齒萌出早。

就像同樣大的小孩子身高發育不一定相同一樣，孩子出牙的時間也不是確定的。通常情況下，前後在三四個月內浮動，都屬正常現象。但是，若超過一歲還未出牙的話，就應該找牙醫診治。

牙醫告訴你

寶寶乳齒萌出過晚時，應找牙醫拍 X 光片，排除先天缺牙的可能。

如果是牙齦肥厚引起的，可在局部麻醉下切開牙齦，幫助乳齒萌出。

若是全身疾病引起的乳齒萌出過晚，應該盡早查明病因，在對症治療的基礎上促進乳齒萌出。

當然，有出牙晚的現象，就會有出牙早的現象。有的孩子出生後不久就會長乳齒。這個時候的乳齒有可能會妨礙哺乳，而且這種牙齒常常發育不完全，很容易鬆動脫落吸入氣管造成窒息，應在醫生的指導下及早拔除。

乳齒萌出過晚原因

- 外傷引起牙齦肥厚增生，使乳齒難以穿透。
- 患有佝僂病。由於體內維他命 D 不足而使鈣磷代謝失常，導致牙胚發育遲緩，乳齒萌出延遲。
- 患有先天性缺牙症。這種患兒終身都不會出牙，常常伴有毛髮稀少、皮膚光亮、無汗等徵狀，往往具有家族遺傳病史。
- 患有呆小症（克汀病），也會引起乳齒萌生過晚。
- 此外，各種染色體異常、內分泌障礙缺乏生長荷爾蒙，以及先天性顱骨或鎖骨發育不全等疾病，也會使乳齒萌出受到影響。

恒齒接班

- 孩子長到 6 歲左右，乳齒就要退休，被更有「戰鬥力」的恒齒依次替代。
- 恒齒長出的時間一般是 6~12 歲。牙齒替換的規律是：下頜牙一般早於上頜牙。
- 恒齒的萌出也有性別差異：一般情況下，女孩換牙會比男孩早半年。
- 根據牙齒的形態特點和功能特性，恒齒又分為中門牙、側門牙、犬齒、前臼齒（第一、第二前臼齒）、臼齒（第一、第二、第三臼齒），而乳齒則沒有前臼齒及第三臼齒。

我長乳齒了。

萌牙呵護

無論是長乳齒還是出恒齒，醫學上統稱為牙齒的萌出。人們通常會把牙齒長出來的時間作為兒童生長發育的重要標誌。

家長一定要留意孩子新牙的生長狀況，在牙齒生長時，不要經常用手指觸碰或者用舌頭舔，否則長出的牙齒將參差不齊，影響終生。

乳齒萌出的時間和順序

萌出順序	萌出牙齒	平均萌出時間	示　圖	對應的年齡
01	下乳中門牙	7.8 個月		6~12 個月
02	上乳中門牙	9.6 個月		
03	上乳側門牙	11.5 個月		9~16 個月
04	下乳側門牙	12.4 個月		
05	上第一乳臼齒	15.1 個月		13~19 個月
06	下第一乳臼齒	15.7 個月		
07	下乳犬齒	18.2 個月		16~23 個月
08	上乳犬齒	18.2 個月		
09	上第二乳臼齒	26 個月		23~33 個月
10	下第二乳臼齒	26.2 個月		

恒齒萌出的時間和順序

萌出順序	萌出牙齒	平均萌出時間	示　圖	對應的年齡
01	下第一臼齒、上第一臼齒	6 歲		5~7 歲
02	下中門牙	6.5 歲		中門牙為 6~8 歲
03	下側門牙、上中門牙	7.5 歲		側門牙為 6.5~9 歲
04	上側門牙	9 歲		
05	下犬齒	10.5 歲		犬齒為 8.5~12.5 歲
06	下第一前臼齒，上第一前臼齒，上犬齒	11 歲		第一雙犬齒為 8~12 歲
07	下第二前臼齒，上第二前臼齒，下第二臼齒	12 歲		第二前臼齒為 8.5~13 歲
08	上第二臼齒	13 歲		第二臼齒為 10~14 歲
09	第三臼齒（智慧牙）	21 歲		17~25 歲

智慧牙的「特殊身份」 ▶

　　智慧牙，即智齒，是擁有「特殊身份」的牙齒，學名「第三臼齒」。如果全部生長出來一共 4 顆，上下頜各 2 顆。相較於乳齒與恒齒，智慧牙通常是在人類心智已經趨於成熟時才長出，因而得名。

　　在智慧牙的生長方面，個體差異性很大，有的人 20 歲之前就已長出，有的人 40 或 50 歲才長出，有的人則終生不長。某些人的智慧牙可能只長一顆，有的智慧牙甚至長到一半就不再生長，這種情況稱為智慧牙阻生。不但基本沒有咀嚼功能，反而容易成為一個病灶，一旦抵抗力下降，就容易出現牙病。

　　有很多智慧牙可以順利萌生，但大多數智慧牙會前傾阻生，即成45° 左右角頂在第二臼齒上，兩個牙冠之間形成一個夾角，很容易嵌塞食物。時間久了，第二臼齒會出現蛀蝕甚至發生牙髓炎從而引起疼痛；另一個後果是前傾的智慧牙持續加力於第二臼齒，使其形成牙周炎而疼痛鬆動，不得不拔除第二臼齒。此時，咀嚼功能將嚴重受損。

智慧牙該不該保留，要聽醫生意見

那麼，智慧牙是該拔除還是保留？有的人堅決認為智慧牙沒用又容易發生問題，絕對得拔除；有的人則認為，好歹是一顆關聯着多方面的牙齒，能不拔還是不拔的好。面對這樣的糾結，怎麼辦？

牙醫建議拔掉智慧牙的情況

1. 如果智慧牙患有齲病

智慧牙蛀蝕若是只簡單地出現在咬合面，並且不深，自然是補上就可以。但若是出現在鄰接面，並且又蛀得很深，甚至需要根管治療的，建議拔除。

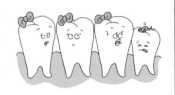

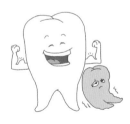

2. 如果智慧牙侵犯鄰牙

通常患者不自知，而由牙醫通過 X 光診斷得知。一般是因智慧牙萌發的空間不足，而倒在第二臼齒上，造成第二臼齒清潔不易，甚至發生蛀蝕，表現為患者牙齒不適或牙痛。

3. 智慧牙萌發時疼痛難耐

智慧牙萌發的時候常會引起腫脹、疼痛。很多人就是因為不能忍受這種疼痛感，而決定拔掉智慧牙。

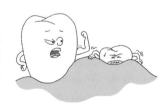

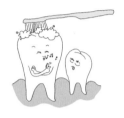

4. 沒有對牙

不是每個人的 4 個智慧牙都會長齊。所以，如果沒有相抗衡的智慧牙來對咬的話，智慧牙就會過度萌發，進而影響咬合。

5. 清潔不易

由於空間不足的關係，智慧牙常長得七扭八歪，因此造成牙齒難以清潔，進而發生蛀蝕現象。

6. 出現阻生齒

通常這是最討厭的一種情況，就連牙醫都會覺得很難搞定，但患者卻不一定有感覺。這類智慧牙通常埋在齒槽骨裏面，如果感覺疼痛，或是經醫生診斷有病灶發生的時候，就需要拔除了。

不需拔掉的情況

若是在長智慧牙前，因其他原因拔掉了智慧牙的前一顆牙齒，就不用拔除智慧牙了，智慧牙長出來時會自動往前移，代替拔掉的牙齒。

如果智慧牙有足夠的空間生長，且不影響咬合，在注意清潔的前提下，可選擇保留。

11 大牙病排行

身體就像一台機器，體內器官就像機器上的各個零件。機器上稍微大的零件出了問題，會引起我們的重視，馬上拿去修理；牙齒就如同機器上的一顆小螺絲釘，鬆動了或是壞了，一般很難引起我們的注意。殊不知，一顆小小的螺絲釘也可能讓整個機器癱瘓。

牙齒是身體上最堅硬的結構；但是，它卻常常被損害得很嚴重。

打開影響牙齒壽命的牙病排行榜，讓我們認識認識這些沉默的慢性「殺手」。

齲病

　　牙齒疾病中最為人熟知的就是齲病，也叫蛀牙。這是一種發病率很高的常見牙病。齲病可以繼發牙髓炎和根尖周炎，甚至能引起牙槽骨和頜骨炎症。齲病的繼發性感染還可以形成病灶，導致關節炎、心內膜炎、慢性腎病和多種眼病等全身其他疾病。齲病及其併發症造成的牙齒喪失，又會帶來修復的問題。

　　齲齒發病一般都開始於牙冠，如不及時治療，病變繼續發展，形成齲洞，最終將導致牙冠完全破壞消失。

導致齲病的元凶

引起齲病的元凶是蔗糖與碳水化合物。糖份有黏性，黏在牙齒表面不易清除。大量的細菌會附着在糖份上，在分解糖類的同時，產生最終分解物——酸。這種酸非常厲害，能分解牙齒中的鈣、磷等無機物，以及多種有機物，最終引起齲病。同理，酸味食物中的酸也能腐蝕牙齒，導致齲病。

有些人儘管不愛吃高糖和酸的食品，但也很容易產生齲病，主要是由與生俱來的高黏性唾液引起的。唾液黏性越高，牙齒表面牙菌斑越不易被清洗，這就給細菌提供了繁殖的溫床。

所以，「千里之堤毀於蟻穴」。齲病不及時治療的話，最終將導致牙齒缺失。

齲病發生的原因

原因 1：細菌

造成齲病的罪魁禍首是細菌，近年來，國際上公認導致齲病的細菌種類很多，最主要的是某些變形鏈球菌和乳酸桿菌。細菌大軍攻擊牙體硬組織，使其發生慢性病變，表現為無機物脱礦和有機物分解。

原因 2：飲食

牙齒發育時期，營養決定牙齒組織的生化結構，鈣化良好的牙齒抗齲性高。如果食物中含有的礦物鹽類、主要維他命和微量元素，如鈣、磷、維他命 B_1、維他命 D 和氟等不足，牙齒的抗齲性就會降低。

乳齒在胎兒期即已發生、發育和鈣化，因此加強母體營養對乳齒鈣化非常有利。通常來説，除非母親患嚴重的代謝障礙性疾病或遺傳病，一般乳齒不易受到嚴重影響。

同時，要少吃容易誘發齲病的食物，蔗糖的致齲作用最強。

原因 3：衛生習慣

齲病發生的每一過程都需要一定的時間才能完成，進食後及時漱口很有必要。

原因 4：牙齒本身

牙齒的形態、結構和位置與齲病的發生有着明顯的關係。牙齒咬合面的窩溝是發育過程中留下的缺陷，容易滯留細菌和食物殘渣，而且不易清除，容易誘發齲病。

鈣化不足的牙齒，由於砝瑯質和象牙質的緻密度不高，抗齲性低，患齲病的概率大。

原因 5：唾液

口腔唾液是牙齒的外環境，起着緩衝、洗滌、抑菌或抗菌等作用。量多而稀的唾液可以洗滌牙齒表面，減少細菌和食物殘渣堆積；量少而稠的唾液易於滯留，可助長牙菌斑形成和黏附在牙齒表面上。

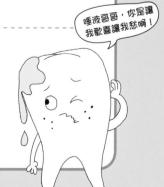

唾液哥哥，你是讓我歡喜讓我愁啊！

齲病分類

齲病最容易發生在臼齒和雙犬齒的牙合面窩溝、裂隙中，以及相鄰牙齒的接觸面。前者稱為窩溝齲，後者稱為鄰面齲。根據齲齒破壞的程度，臨床可分為淺齲、中齲和深齲。

1. 淺齲

齲蝕破壞多在琺瑯質內，初期表現為琺瑯質出現褐色或黑褐色斑點或斑塊，表面粗糙，繼而形成表面破壞。鄰面齲開始發生在接觸面下方，窩溝齲則多開始在溝內，早期都不易發現。只有發生在窩溝口時才可以看到，醫生檢查不仔細也會誤診或漏診。

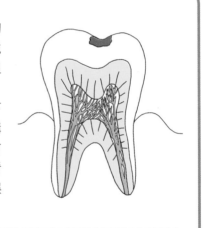

2. 中齲

齲蝕已達到象牙質，形成象牙質淺層齲洞。患者接觸冷水、冷氣或甜、酸食物時會感到牙齒酸痛，但刺激過後，徵狀立即消失。這是由於象牙質對刺激敏感的緣故。中齲如能得到及時治療，通常效果良好。

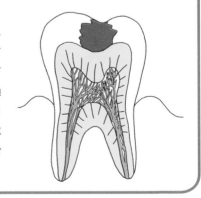

3. 深齲

齲蝕已達到象牙質深層，接近牙髓腔，或已影響牙髓。患者對冷、熱、酸、甜都有痛感，特別對熱敏感，刺激去除之後，如果疼痛仍持續一定時間才逐漸消失，這時多數需要做牙髓治療以保存牙齒。深齲如未經治療，則可發生牙髓繼發性感染或牙髓壞死，細菌可以通過牙根達到根尖孔外，引起根尖周圍炎症，並可形成病灶感染。若牙冠大部分已被破壞或只留有殘根時，牙醫會建議將其拔除。

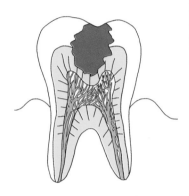

兒童齲病的防與治

兒童身體嬌弱，免疫力低，很容易發生齲病。如何避免兒童齲病的發生呢？

首先，吃糖要有節制。告訴孩子吃完糖要漱口或喝水，不要讓糖殘留在嘴裏，吃糖的時間也不要超過半小時。

定期進行牙齒保健。當孩子乳齒長齊後，應該帶孩子去

齲齒可預防

美國一項對 30 萬名兒童實行的塗層齲齒覆蓋層的實驗表明，這樣做可以將齲病的發生率減少 65%。在最容易發生齲病的 2~14 歲期間都可以採用這種方法來預防齲病，而且越早越好。

檢查乳齒，處理乳齒上的積垢，還要在局部做氟化物處理，為的是更有效地預防齲病。臼齒的咬合面最容易受損，因而也最容易出現齲洞。

要定期看牙醫。每隔半年做一次牙齒保健，發現小的齲洞要及時補好。

別讓牙齒缺氟。統計表明，如果飲用水的含氟量適當的話，孩子患齲病的發生率就會大幅下降。假如當地飲用水含氟量偏低的話，可以用含氟化物的牙膏來刷牙，以補充牙齒對氟的需要。

從小養成早晚刷牙的習慣。要給孩子選擇軟毛的小牙刷，刷時要豎着順牙縫刷，上牙由上往下刷，下牙由下往上刷。一定不要橫着拉鋸式地刷，因為長期拉鋸式刷牙，會傷害牙齒根部牙骨質及牙齦，露出象牙質，使牙齒失去保護，更容易遭受腐蝕。

兒童防齲病要點

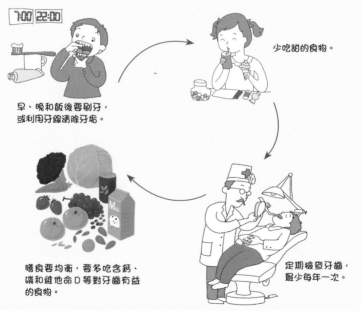

7:00 22:00

早、晚和飯後要刷牙，或利用牙線清除牙垢。

少吃甜的食物。

膳食要均衡，要多吃含鈣、磷和維他命 D 等對牙齒有益的食物。

定期檢查牙齒，最少每年一次。

成人也要防齲

成人與孩子對齲病的預防，其實是相同的。同樣要堅持少糖的原則，飲食應做到粗細搭配，多吃粗糧及蔬菜、水果。以及保持口腔衛生。

有了齲病怎麼辦

治療齲病的主要方法是充填。即將蛀蝕組織去除，清洗、消毒後，用充填材料填充，並恢復牙齒原有的外形，壞齒即可不再繼續發展。

淺齲充填效果最好。中齲和深齲的治療，在去淨蛀蝕組織以後，有時洞底已接近牙髓腔，就需要在洞底加一層護髓劑後再填充。有時深齲在去淨蛀蝕組織以後牙髓就暴露了，要先採取牙髓治療，然後才能填充。

充填材料主要用銀汞合金或複合充填樹脂。由於要換牙，兒童乳齒可以用玻璃離子水門汀等暫時性充填材料填補。

沒有形成齲洞的初期齲，用藥物治療能達到一定療效。恒齒常用氟化鈉糊劑塗擦齲損。塗藥治療後，仍可能復發，需要每半年覆診一次。因此，治療齲病，越早越好。

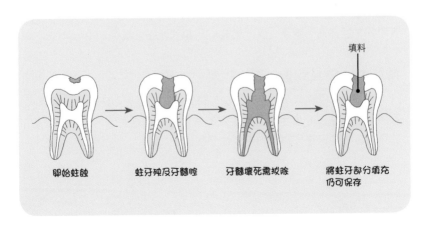

填料

開始蛀蝕　　蛀牙殃及牙髓腔　　牙髓壞死需拔除　　將蛀牙部分填充
　　　　　　　　　　　　　　　　　　　　　　　　仍可保存

牙齦分游離齦、附着齦、牙間乳頭和齦谷。游離齦是牙齦的邊緣，圍繞牙頸部但不與牙體附着的游離可動部分。附着齦位於游離齦根部，質地堅韌。呈錐狀體充填在相鄰兩牙間隙部分的牙齦稱牙間乳頭。在與牙齒接壤之處呈稍稍凹下，稱為齦谷。健康的牙齦呈粉紅色，有彈性和韌性。

牙齦炎是指牙齒週圍的牙齦發炎，是牙周疾病中最常見的一種。據統計，發病率可高達 70%~90%。

牙齦炎是衛生問題

牙齦炎是由於牙齒受到由食物殘渣、細菌等物結成的軟質的牙垢和硬質的牙結石的長期刺激，以及不正確的刷牙方法、維他命缺乏等原因造成的。

如果不注意口腔衛生，由細菌大軍組成的牙菌斑會馬上到牙面上「報到」。初期牙菌斑可以通過刷牙去掉，但是如果唾液中的礦物質沉澱下來，使牙菌斑鈣化形成結石後，單純依靠刷牙就不能去掉了。周而復始，牙菌斑與牙結石互相助增，刺激牙齦發生炎症，到一定程度，牙齦便失去正常的色澤、形態和質地。

一旦發生了牙齦炎，吃東西或者刷牙時牙齦就會出血。此外，還表現為牙齦充血、腫痛、質地鬆軟或牙齦和牙面分離等。

常見的牙齦炎類型

青春期、妊娠期內分泌改變會引起青春期牙齦炎和妊娠期牙齦炎；服用苯妥英鈉、心痛定等藥物會引起藥物性牙齦增生等。但是最常見的牙齦炎為邊緣性牙齦炎和肥大性牙齦炎。

1. 邊緣性牙齦炎

又稱單純性牙齦炎，病變部位在游離齦和牙間乳頭。常見病因有牙菌斑、牙垢、牙結石、食物嵌塞和不合適的假牙等。

本病早期沒有明顯的自覺徵狀，可見齦緣有結石積聚，但常有牙齦出血。輕者可為刺激性出血，如刷牙、咀嚼、輕微碰撞即有出血；重者可有自發性出血。

治療時首先要消除致病因素，去除牙結石後再用藥物治療，常用 3% 雙氧水（H_2O_2）、1% 碘甘油（Iodine Glycerol，是一種紅棕色的糖漿狀液體，有碘的氣味）等局部塗抹，或用 0.1% Chlorhexidine 液漱口。

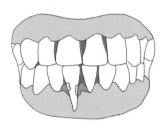

2. 肥大性牙齦炎

又稱增生性牙齦炎，多發生於青少年，表現為牙齦組織水腫、變軟、肥大。

主要病因為牙結石、牙垢、食物嵌塞等局部刺激物堆積；以及咬合關係不良，如錯齒等。全身因素多為內分泌紊亂，如女性青春期、月經期、妊娠期，牙齦可有明顯的發炎、肥大。

除去牙垢、牙結石，糾正用口呼吸的習慣後，可有所改善。若牙齦肥大，經以上治療無效，可做牙齦切除術。對全身疾病引起的牙齦肥大、發炎，應着重進行全身治療。

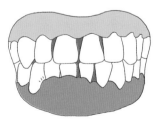

3. 急性壞死性潰瘍性牙齦炎

由口腔內梭形杆菌和螺旋體大量繁殖感染所致，一般在身體抵抗力降低、營養不良、過度疲勞時容易發生。可發生於極度營養不良和患有急性傳染病的兒童。

壞死性牙齦炎起病較急，發病數天至 1~2 週內，可出現牙齦紅腫、出血，牙齦邊緣腐爛。糜爛處有灰白色假膜覆蓋，牙間乳頭如刀切狀消失，口腔有惡臭，唾液分泌增多。潰爛若蔓延至頰、顎、唇、舌等處，則成為壞死性口炎。若向咽部發展，會引起咽部疼痛，進食、吞嚥都非常痛苦。還伴有頜下淋巴結腫大，全身健康情況較差者可併發高熱。若處理不及時，可危及生命。治療上可用 1%~3% 雙氧水清洗口腔及牙齦，去除局部壞死組織後，可用維他命 C 和甲硝脞（Metronidazole）進行全身治療控制感染。

防治牙齦炎

牙菌斑是致病的主要因素，且病變只局限在牙齦。因此，控制牙菌斑是牙齦炎最有效的預防辦法。

如果已經有了炎症，消除牙菌斑，即可得到明顯效果。

病情輕者，通常採用潔治術，俗稱「洗牙」，徹底清除牙結石，控制牙菌斑，或合並口服抗菌藥物即可。

已發生牙齦增生者，需施行牙齦成形術，也就是切除部分牙齦，恢復牙齦生理外形。經過上述治療，牙齦炎症就會很快消除，牙齦形態也會逐漸恢復。

牙醫告訴你

為了保持和鞏固療效，必須每天堅持認真刷牙，徹底清除牙菌斑。除此之外，還應該定期進行非治療性的潔治，也叫預防性潔治，半年到一年一次。

牙周炎

首先提出一個問題：究竟是慢性疾病對人體的損傷大，還是急性疾病對人體的損傷大？相信很多人都會選擇急性疾病。因為劇痛來臨的瞬間會讓人刻骨銘心。但是，正確的答案是**慢性疾病對人體的損傷更大**。

因為當急性疾病發生時，人們受到痛楚的侵襲會立刻奔赴醫院救治，疾病對身體的損害不會發展得很嚴重，及時的就診會把這種傷害扼殺於搖籃之中。但是有些疾病初期不痛不癢，人們根本就不把它當回事，直到疾病慢慢演變，出現明顯徵狀時人們才會驚覺，但那時疾病對身體的影響已經很嚴重了。

形成

牙周炎就是這樣一種慢性疾病。它是牙齦炎的進一步發展，如果在牙齦炎時期沒有及時治療，那麼，單純地對牙齦的侵害就會轉變成對牙齦和牙周的侵害，牙齦炎也就會轉變成牙周炎。牙周炎是患病率很高的常見病、多發病，並在全世界範圍內流行。

主要徵狀

牙周炎的主要徵狀為牙齦充血，牙齦由健康的粉紅色變為暗紅色，質地由堅韌變為鬆軟，刷牙或者進食時會出現牙齦出血，甚至口臭，牙齒鬆動，牙齒變長、移位等。

危害

牙周炎對牙齒的危害就如同先把大樹旁邊的泥土慢慢挖開，再繼續挖深，最後，大樹就慢慢倒下了。

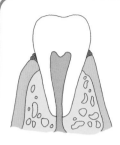

1. 早期牙周炎

牙齦紅腫，會有出血現象發生，但病變位置相對較淺，深部的牙周膜、牙槽骨和牙骨質沒有受到嚴重破壞，牙齒沒有出現鬆動的現象。這是治療的最佳時機。

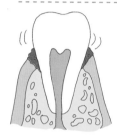

2. 中期牙周炎

如延誤治療，早期牙周炎將繼續往深處發展，炎症會進一步加重，發展到牙周膜，並破壞牙周膜，同時牙槽骨吸收，形成牙周袋，繼而進入中期牙周炎。

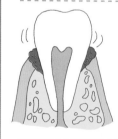

3. 中晚期牙周炎

一旦牙周袋形成，牙菌斑、牙結石會長在牙周袋內，細菌的代謝產物和毒素會進一步加快牙槽骨的吸收，進一步引起牙周組織的破壞。

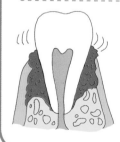

4. 晚期牙周炎

當牙槽骨吸收到一定程度後，牙齒會出現鬆動甚至脫落。

四階段，治療牙周炎

1. 基礎治療階段

主要選用牙周炎常規治療方法，清除或控制臨床炎症和致病因素，包括口腔自潔，拔除預後差和不利修復的牙齒，齦上潔治，齦下刮治以清除菌斑、牙結石，選用抗菌藥物控制炎症，咬合調整等。

2. 牙周手術治療

3. 永久性修復治療

一般手術後 2~3 個月後進行。

4. 覆診階段

每半年一次，包括檢查牙菌斑控制情況，拍片檢查，進一步擬訂治療計劃。

也許有人會問，都這麼認真地清理牙齒了，還有必要洗牙嗎？由於日常人們對於牙齒的清理不可能做得十分徹底，像咖啡漬、煙漬以及嵌在牙齒隱蔽處的食物殘渣等，都不是僅憑刷牙就可以清理好的；再加上很多人刷牙都不符合標準，甚至只是走走形式。所以，通過洗牙來保持牙齒健康、預防牙周炎是很有必要的。

牙醫告訴你

牙周炎治療成功的關鍵有兩點：一是周密的治療計劃和醫生細緻的治療；二是患者堅持良好的自我控制牙菌斑。後者較前者更為重要。

1. 首先患者要掌握正確的刷牙方法──即每天 2 次，每次 3 分鐘。
2. 並且在飯後、睡前漱口，保持口腔清潔。
3. 對不易去除的食物碎屑、軟垢、牙菌斑，要用牙線清潔。
4. 最後要做定期檢查，齦上潔治半年一次。

早產與牙周病有關

在發達國家中，患重症牙周病的孕婦發生早產和低出生體重兒的危險性是牙周正常孕婦的 7.5 倍。美國研究人員對早產兒及其母親口腔疾病的關係進行了調查，他們發現在一些早產兒體內，有與其母親口腔存在細菌相對應的抗體，證實這些早產兒與母親患牙周病有關。

牙周病是牙周組織各類疾病的總稱，主要包括各種牙齦炎、牙齦增生、牙周炎、牙齦萎縮等。目前來看，牙周病是造成牙齒脫落的罪魁禍首。

患有牙周病的人，如果未能得到及時、有效的治療，隨着病變加重，患者會出現牙齦流膿、咀嚼無力、牙齒鬆動，還會出現反覆發作的牙周膿腫，最終導致口腔多個牙齒鬆動、脫落。

牙周病不僅是引起成年人牙齒脫落的首要原因，更是影響心臟、肺、腎等重要臟器功能，導致各種疾病發生的重要成因。牙周病可引起心血管系統疾病（心內膜炎、急性心肌梗塞、冠心病）、糖尿病、呼吸道和消化道慢性疾病，以及早產和低出生體重兒。

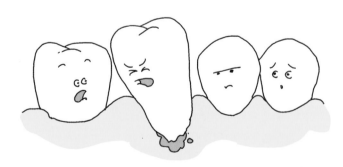

牙周病會導致牙齒鬆動甚至脫落

牙周病的致病因素

　　牙周病是多因素疾病，其病因通常分為局部因素和全身因素。

局部因素

是牙周病最主要的致病因素。

1. 牙菌斑

現已公認，牙菌斑是牙周病的始動因子，是引起牙周病的主要致病因素。

---

2. 牙結石

牙結石是牙周病的幫凶。細菌常躲在牙結石下方的牙齦溝內釋放毒素進而造成牙周破壞，形成牙周病。

---

3. 創傷性咬合

在咬合時，若咬合力過大或方向異常，超越了牙周組織所能承受的合力，致使牙周組織發生損傷，也可導致牙周病。

---

4. 其他

食物嵌塞、不良修復物、用口呼吸等因素也可以促使牙周組織的炎症及病變發生。

全身因素

在牙周病的發展中屬促進因子，可以降低或改變牙周組織對外來刺激的抵抗力，使之易於患病。

- 內分泌失調，如性荷爾蒙、腎上腺皮質荷爾蒙、甲狀腺荷爾蒙等分泌異常；
- 維他命 C 缺乏，維他命 D 和鈣、磷的缺乏或不平衡，營養不良等；
- 血液病；
- 長期服用某類藥物，如苯妥英鈉；
- 遺傳因素等。

　　總之，牙周病的病因比較複雜，在治療時不僅要注意局部因素的消除，還要考慮患者的全身狀態，以便獲得較好的治療效果。

牙周病的治療

　　治療牙周病時，必須對牙周組織的狀況及破壞程度先進行一番瞭解與評估，通常是借助全口牙根尖 X 光片及牙周袋深度測量來達成，評估完後才能擬訂治療計劃。通常牙周病的治療分 3 期：

　　治療初期：將口腔內所有髒東西盡量去除，而後以全口超聲波洗牙，進行牙周袋深部結石的刮除及牙根平整術，去除不良修復物、咬合干擾等，再局部用藥。

　　手術期：比較嚴重的患部，尤其牙周袋較深之處，需做牙周翻瓣術，方能徹底將結石及病變組織清除。若有骨損失，可配合放置牙周再生膜及人工骨粉，使破壞的骨組織再生，達到積極重建牙周組織的目的。

　　維持期：經上述治療後，除了要永久不間斷地做口腔清潔外，應依醫生指示，定期覆診檢查，以充分掌握牙周及口腔情況。

No.5

口腔炎

　　口腔炎就是口腔潰瘍，又稱為「口瘡」。該病多發生在 20~50 歲，發病時多伴有便秘、口臭等現象。

牙醫告訴你

出現口腔炎時若感到身體疲乏，就應檢查及瞭解營養是否均衡，休息是否足夠，並適量補充各種維他命和礦物質。當然，保持口腔清潔也是十分必要的。

口腔炎

　　口腔炎屬「現代文明病」，許多患者是在過度疲勞後發病的。此外，口腔炎也被認為與遺傳、荷爾蒙等因素有關，如女性月經前口腔炎會有惡化情形，更年期女性病例有增多現象，但懷孕期女性則發病率較低，這些現象都顯示口腔炎的發生受荷爾蒙變化影響。

　　由於口腔炎的病因各異，徵狀也不盡相同。但無論是哪種口腔炎，其共同的臨床徵狀都會出現流涎、食慾不振或進食緩慢、口腔惡臭、口腔黏膜潮紅、增溫、腫脹和疼痛。

　　一般認為，口腔炎會在 7~10 天內自行痊癒。但問題是，許多患者的病情總是反反覆覆，時好時壞，因而影響飲食及日常生活，令人感到困擾。

牙齒裂痕

走到鏡子前面，對着亮光，張大嘴巴，看看牙齒有沒有裂痕？如果有，那就要小心了。

牙齒礦化

牙齒表面有裂痕，通常是由於牙齒缺乏營養，表面琺瑯質流失且開始礦化變脆所致。除了可能變脆出現裂痕之外，伴隨徵狀還有牙表變色、牙體過敏、出現蛀牙，最後失去光澤。這都是牙體退化的表現。

牙齒結構薄弱

牙齒結構薄弱是隱裂牙發生的易感因素。牙齒結構薄弱不僅牙齒本身抗裂強度低，而且通常發生在牙齒經常集中承受力量的地方。當牙尖斜面越大，所產生的水平分力越大時，隱裂發生的機會也越多。

誰讓你不注意保養，「礦化」讓你又乾又醜了吧？

創傷力

當病理性磨損出現高陡牙尖時，牙尖斜度也明顯增大。正常咬合時所產生的水平分力也增加，形成創傷力，使窩溝底部的琺瑯質板向象牙質方向加深加寬，這就是隱裂紋的開始。在創傷力的繼續作用下，裂紋逐漸向牙髓方向加深，所以創傷力是牙隱裂的致裂因素。

牙隱裂

牙冠表面的非生理性細小裂紋，常不易被發現。這種牙齒裂痕在醫學上稱為「牙隱裂」，又稱「不全牙裂」或「牙微裂」，牙隱裂的裂紋常深入到象牙質結構，是引起牙痛的重要原因之一。隱裂牙常發生於上頜臼齒，其次是下頜臼齒和上頜前臼齒，第一臼齒又明顯多於第二臼齒。這是因為咀嚼運動時牙尖承擔着巨大合力的壓力，在壓力的作用下，上頜臼齒和下頜臼齒由於磨耗不均極易造成牙齒隱裂。

牙齒隱裂的判斷與治療

表淺的隱裂常無明顯徵狀，較深時則遇冷、熱刺激敏感，或咬合時有不適感。深的隱裂因已達象牙質深層，多有慢性牙髓炎徵狀，有時也可急性發作，並出現定點性咀嚼劇痛。凡出現上述徵狀而未能發現患牙有深的齲洞或深的牙周袋，牙面上探不到過敏點時，應考慮牙隱裂存在的可能性。

將棉花籤置於可疑牙齒的牙尖上，咬合一下，如出現短暫的撕裂樣疼痛，則可能該牙已有隱裂。

對於淺表的隱裂，無明顯徵狀，且牙髓活力正常者，可以進行調殆治療，以減少側向分裂力量，防止裂紋加深；也可製備窩洞，盡可能將裂紋磨去後進行預防性充填。

而對於較深的裂紋或已有牙髓病變者，在牙髓病治療過程中，牙面洞穿致使裂紋對力的耐受能力大為降低，儘管在治療時已降低咬合，然而在療程中由於咀嚼等原因，極易發生牙體自裂紋處劈裂開。因此牙髓病治療開始時可做帶環黏上以保護牙冠，牙髓病治療完畢應及時進行全冠修復。

牙列不齊

正常的牙齒應該是 28~32 顆，整齊排列在牙床裏，沒有突出和歪斜的，就像兩隊排列整齊的士兵。牙齒的顏色應該是乳白色或者是黃褐色，且尖窩相對，咬合很好，上下牙如同技藝高超的舞者，你進我退，自然，和諧。

但現實生活中，牙列不齊的人卻比比皆是。牙齒不齊又稱「錯頜畸形」，主要表現為：牙齒排列不齊、上下牙弓間關係異常、頜骨大小形態位置異常等。

牙列不齊害處

牙列不齊會**影響身體健康**。因為牙列不齊容易導致刷牙刷不乾淨，這就給牙菌斑和牙結石的產生提供了機會；接下來，牙齒和牙周都要遭殃了。

更不容忽視的是，牙齒不整齊，上下咬合關係不好，就會**使咀嚼功能下降**，從而**加重胃腸負擔**，帶來更多的隱患。

另外，牙列不齊還會**影響到發音**。

由於牙列不齊造成的**顏面形象損害**，對青少年患者的**心理也會產生嚴重的影響**。

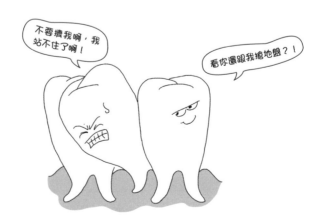

遺傳因素

胎兒在子宮內生長發育過程中，如果營養代謝失調，或母親患風疹或感染病毒等，都可能致使嬰兒期的牙齒發育出現問題；甚至母親懷孕期間受到外傷或分娩時造成產傷，也會使胎兒牙齒出現不整齊的現象。

哦，請不要責怪你的老媽，她也不是故意的。

後天因素

因素一，某些急性傳染病或慢性消耗性疾病都有可能影響到牙齒和頜骨的發育。

- -

因素二，內分泌功能紊亂或營養不良，尤其是維他命缺乏也會影響牙齒和頜骨的發育。

- -

因素三，呼吸和吞嚥功能異常也可能會影響牙齒和頜骨的發育。

- -

因素四，若是養成某些不良習慣，如咬手指、咬上唇或咬下唇、伸舌或吐舌等，都會影響牙齒的整齊。

- -

因素五，如果乳齒過早喪失或遲遲不掉，恒齒萌出順序紊亂等也都會造成牙齒不齊。

需要矯正的情況

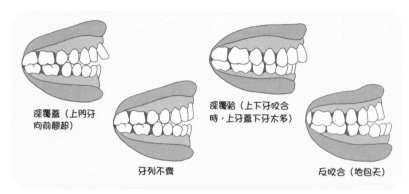

深覆蓋（上門牙
向前翻起）

牙列不齊

深覆𬤊（上下牙咬合
時，上牙蓋下牙太多）

反咬合（地包天）

牙醫告訴你

有一些牙頜畸形如「地包天」、咬唇等須
在 3~5 歲進行治療；
有些特殊的牙頜畸形應該在恒齒已經開始
萌出的時候，即 8~10 歲時治療為宜。

兒童牙列不齊，父母看過來

　　需要提醒父母的是，兒童 6~12 歲換牙期常常會有牙齒不整齊的現象。這是因為兒童的頜骨還沒有長開，牙齒相對的卻已經長大了，父母並不用太着急。

　　但當孩子的乳齒全部換成一口不整齊的恒齒後，就要請醫生幫助矯正。因此，選擇 12 歲左右矯正牙齒比較合適。因為這時孩子整個牙弓基本發育完全，恒齒牙根逐漸發育完成，上下牙齒間的咬合關係也已調整完成，牙醫可對錯頜畸形的類型做出明確診斷，並採取合適的矯治方法。

　　同時，12 歲的兒童對外力刺激的生物反應性好，骨骼改建速度快，可塑性高，組織代謝旺盛，治療週期短，效果好，矯治完成後也容易保持效果。

牙痛

　　牙痛是指牙齒因各種原因引起的疼痛，為口腔疾病中常見的徵狀之一，可見於醫學上的齲病、牙髓炎、根尖周炎和象牙質過敏等。遇冷、熱、酸、甜等刺激時牙痛發作或加重，屬中醫的「牙宣」、「骨槽風」範疇。

紅腫型牙痛

紅腫型牙痛俗稱「風火牙痛」，發病急，表現為上下臼齒的牙齦嚴重腫起，稍加觸動就非常痛，別說咬嚼食物，連張口都會感覺疼痛。嚴重者會有咽喉腫痛、淋巴結腫大、發燒、大便不暢或便秘等徵狀。檢查時，可見舌苔厚、乾或黃，舌質顏色鮮紅。多由於身體的病變（俗稱「上火」）所引發的牙齦急性發炎，其病變不是牙齦和牙齒口腔本身引起的，所以這種牙痛也稱為牙痛併發症。

牙周炎引起的牙痛

牙周炎的疼痛是由於口腔內的一種厭氧菌引發牙周組織充血發炎，刺激牙神經而引起的疼痛，表現為酸痛，咬食時會加劇疼痛。牙周炎不一定會牙痛，但當牙齦出現萎縮後有可能牙痛，但牙痛的範圍不盡相同，有的僅是一顆牙或相鄰的兩三顆牙痛，有的則是上下牙床等大範圍內的牙齒都會痛。此外，可能會出現牙齦紅腫的現象。

齲病牙痛

這時牙齒已經有齲洞形成，特別是對糖類、奶類食品以及冷、熱等刺激特別敏感。發作時，是一種鑽骨般的痛。這種牙痛一般晚上比白天痛，躺着比坐着痛。

神經性牙痛

俗稱「虛火牙痛」。這種牙痛多由於齲病、牙周病、牙齦炎或是身體其他方面的不適導致牙神經亢奮而引起的牙根痛。如熬夜或其他五官的病變及頭痛等原因，都有可能引起這類牙痛，故也列為併發性牙痛。

這些疾病，讓你的牙齒痛、痛、痛

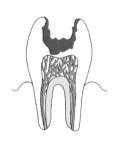

1. 急性牙髓炎

多見於齲病較深的患者，病菌從齲洞進入牙髓腔，引起牙神經充血及炎症。牙痛往往為自發性，夜間疼痛加重，冷熱刺激後疼痛加劇。疼痛亦可放射到面部、顳部及耳部。在患有化膿性牙髓炎時，遇到熱刺激疼痛加劇，而冷刺激時疼痛反而減輕或消失。

2. 急性根尖周炎

由急性牙髓炎的發展或創傷等因素引起。患牙呈持續性疼痛，有浮起感，不敢咀嚼，患者能正確指出病牙，如叩擊病牙則引起疼痛，此時由於患牙神經已壞死，因而無激發性疼痛。

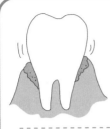

3. 急性牙周炎
病牙不僅出現咀嚼痛和浮出感，而且已形成牙周袋以及牙鬆動。牙齦組織可出現反覆腫痛及出血。

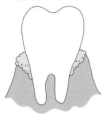

4. 牙周膿腫
牙周組織炎症進一步發展引起。膿腫形成時疼痛劇烈，形成後局部出現波動感。在牙周膿腫形成後，疼痛感明顯減輕或緩解。

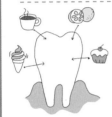

5. 象牙質過敏
常因牙齦萎縮、牙頸部的象牙質暴露及牙體缺損所致。冷、熱、甜、酸等刺激均可出現疼痛，但刺激停止後疼痛消失。

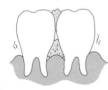

6. 牙間乳頭炎
牙與牙的間隙內可被食物嵌塞而引起牙痛，稱為牙間乳頭炎。

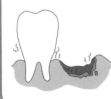

7. 乾槽症
主要發生於下頜阻生智慧牙拔除後，是由口腔細菌引起的骨創感染。多在拔牙後 2~4 天發生，可引起自發性持續性劇烈疼痛。檢查時可發現拔牙傷口內有血塊，有臭味。

另，牙齦瘤、頜骨腫瘤及三叉神經痛等，也可引起同側牙齒相應區域疼痛。

牙醫告訴你

對付牙痛，預防才是最重要的！平時應注意口腔衛生，早晚堅持刷牙，飯後漱口。

小方法暫時止牙痛

1. 花椒一枚，嚙於齲病處，疼痛即可緩解。
2. 丁香一枚，用牙咬碎，填入齲病空隙，幾小時後牙痛即消，並能夠在較長的時間內不再發生（丁香可在中藥店購買）。
3. 用手指按摩壓迫「合谷穴」，可減輕痛苦。
4. 用鹽水或酒漱口幾遍，也可減輕或止住牙痛。
5. 牙齒若是遇熱而痛，多為積膿引起，可用冰袋冷敷頰部緩解。
6. 對於頑固性牙痛，用上述方法無效時，可含服適量止痛片，並及時就診。

合谷穴

但需要注意的是，採用上述方法即使止住了牙痛，也不意味着治療成功，想要根治牙痛必須針對病因。建議去看牙醫治療，以根除牙痛。

牙科常見止痛方法

1. 急性牙髓炎和急性根尖周炎：由牙科醫生實行開髓引流，在局部齲洞內置入樟腦酚和丁香油棉球即可止痛。

2. 牙周膿腫：在膿腫未形成時可清潔牙垢，服用牙周寧、抗生素、外塗碘甘油等；若膿腫已形成，則應切開引流，同時用抗菌藥物控制感染。

牙齒敏感

當吃了酸葡萄、橙或酸的食物，或者吃涼的食物或喝熱茶時，會有一種牙齒發軟、酸痛難忍的感覺，這就是牙齒敏感症。牙齒敏感又名象牙質過敏，俗稱「倒牙」，中醫稱之為「齒撈」、「牙齒酸軟」。

牙齒敏感不是一種獨立的疾病，而是很多疾病侵及象牙質時造成的一種徵狀。正常情況下，象牙質穿着砝瑯質這件「衣服」，遇到冷、熱、酸、甜刺激時不會發生牙酸痛的現象。可是當牙齒磨損後，砝瑯質這件「衣服」壞掉，象牙質就光溜溜地露在外面，外界因素直接刺激象牙質，就容易引起牙痛。

原因及處理方法

刷牙方法不正確

很多人習慣左右拉鋸式刷牙。日久天長，會將砝瑯質磨掉，露出裏面的象牙質，造成牙根產生小豁口狀，以後吃涼、熱食物都會引起過敏。

對付這種情況引起的牙齒敏感，可以用光敏樹脂材料補牙的方法把楔缺的位置補好，形成人工保護層。

長期吃四環素等藥物

長期吃四環素等抗生素藥物，會對牙齒造成腐蝕，造成砝瑯質不全和象牙質酥軟。

可以採用口腔科專用的過敏劑治療，雖然長期效果不甚理想，但由於操作簡單，可反覆治療。

隱形蛀蝕

由於齲洞位於牙縫等隱蔽的位置，這種情況一般不易被察覺。如果確定是齲病引起的牙敏感，可以去醫院去除腐質，然後進行補牙治療。

通用的脫敏治療

1. 氟化鈉脫敏法

75% 氟化鈉甘油糊（Pasta Natrii Fluoridi et Glycerini）劑最為常用。先將患牙區隔濕，吹乾患牙，用小棉球蘸藥物塗擦患區 1~2 分鐘，重複 2~3 次。可使氟滲入牙齒硬組織內與鈣鹽結合，形成氟磷灰石，從而使牙齒對刺激的敏感性降低。

----

2. 碘化銀法

患牙區隔濕後，先用 10% 硝酸銀塗敏感區，1~2 分鐘後，輕吹乾後再塗 2% 碘，即見有灰白色碘化銀沉澱生成，再依法重複 1~2 次，即可見效。硝酸銀可使牙體硬組織內蛋白質凝固，新生碘化銀又可阻塞象牙質小管，從而阻斷刺激傳導。

----

3. 碘酚或 50% 麝香草酚酒精液法

以小棉球蘸上述任一藥液置牙齒敏感區，再以烤熱的充填器頭置棉球上，使產生白煙而患者不感到疼痛為度，如此反覆 2~3 次。麝香草酚防腐力強而刺激性小，能滲入象牙質小管內，對腐敗物質有分解作用，並有輕微的鎮痛作用。其常用於消毒窩洞或根管、象牙質脫敏。

----

4. 脫敏牙膏

市場所售藥物牙膏一般加入了氟化物、硝酸鉀或中草藥，經常使用有一定療效。

5. 光固化黏接劑

用光固化釉質黏接劑治療牙齒敏感症效果較好。方法是先清潔患牙，隔濕，吹乾，用 37% 磷酸酸蝕敏感區 30~60 秒，沖洗，再吹乾，塗光固化黏接劑，光照 20~40 秒。

----

6. 食物脫敏法

經常咀嚼茶葉或核桃仁，或用新鮮大蒜頭塗擦敏感區，也有一定的脫敏作用。

　　牙齒敏感症的脫敏方法甚多，其效果因個體不同而差異甚大。脫敏無效者，可視情況用充填術或冠修復以隔絕外界刺激，消除敏感徵狀。

日常防敏感小妙招

　　牙齒敏感是可以預防的。下面，我們就來簡單分享一下防止牙齒敏感的方法。

進食酸性食物和飲料後，最好1小時後再刷牙。因為牙齒剛剛被酸性物質腐蝕過，表面變得很軟，如果立刻刷牙，摩擦會帶走牙齒表面更多的礦物質，使牙齒脫礦更加嚴重。可及時用清水或茶水漱口。

不使用刷毛過硬的牙刷。選擇軟毛牙刷，降低牙刷對牙齦的傷害，同時採用正確的刷牙方法，避免刷牙過度用力。

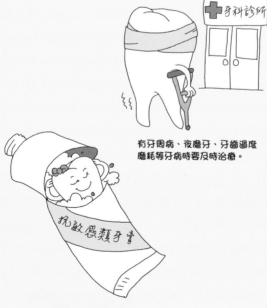

有牙周病、夜磨牙、牙齒過度磨耗等牙病時要及時治療。

每天除了做到認真刷牙外，還應選用抗敏感類牙膏。

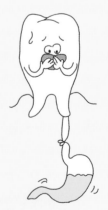

有胃食管反流等內源性酸來源患者要及時治療。

No.10 口臭

是否口臭你知道嗎？事實上，對於中輕度的口臭，自身是很難發現的。

檢測口臭：將左右手掌合攏，並收成封閉的碗狀，包住嘴部及鼻頭處，然後向聚攏的雙掌中呼一口氣，緊接着用鼻吸氣，就可聞到自己口中氣味如何了。

口腔異味常見種類

- 口苦：多由於情志鬱結，肝膽鬱火內蘊，膽氣上溢所致。
- 口甜：又稱「口甘」，指患者常自覺口內發甜，多由於脾胃熱蒸或脾胃氣陰兩虛引起。
- 口酸：多為脾虛肝盛所致，還常見於宿食積滯。
- 口鹹：多主腎虛，有陰虛、陽虛之別，其共同徵狀是腰酸腿痛、夜尿頻多、全身無力。
- 口辣：是指口內常覺辛辣或舌體麻辣，如食辣椒樣感覺，常由肺熱或胃熱引起。
- 口淡：多為脾胃虛弱。
- 口膩：是指口舌黏膩，食不知味，多由寒濕困脾而引起。
- 口香：多見於重症糖尿病。

90% 的口臭由口腔問題引起

多數口臭與口腔疾病及口腔的生態環境有關。口腔不潔、牙菌斑、牙結石、牙垢的堆積是造成口臭最直接的原因。

患有菌斑性牙齦炎和慢性牙周炎的患者，由於牙齦腫脹、出血、牙周袋溢膿，口腔衛生狀況很差，牙齒上堆積的牙菌斑、牙結石和牙垢在細菌及微生物的作用下，腐化發酵，產生難聞的氣味。

患有壞死性牙齦炎、惡性腫瘤及拔牙後感染的病人，由於壞死組織分解化膿，會產生腐敗性口臭。

另外，口腔中存在沒有治療的齲病、殘根、殘冠、不良修復體等均易積存食物殘渣和污垢，也會產生口臭。不過，口臭的最常見病因仍然是牙周病。

胃氣上逆會引起口苦、口臭

處於正常狀態下的胃如果突然被灌進冰水，胃的熱和下降功能就會被困住，使胃壁中運行的氣血瞬時凝固，由於「陽明經主燥」，所以，胃會用生發燥火的形式，來疏通並驅趕凝滯的寒邪，於是就會出現心煩、口渴、咽乾、喜飲冷等徵狀。由於部分胃氣下降的功能被抑制，就會形成不同程度的胃氣上逆現象，將胃中的胃酸和膽汁逆向流入口腔，於是胃酸就形成了口臭，膽汁就形成了口苦。

消化、呼吸系統疾病也會造成口臭

口腔是消化道的起始端，並且與呼吸道相通，所以消化系統和呼吸系統的一些疾病同樣可以造成口臭，如消化功能紊亂、腸胃炎、腹瀉、便秘的患者可有不同程度的口臭。

支氣管擴張、肺部感染的患者也可產生口臭。

一些患有內分泌疾病如糖尿病患者口腔內可有一種爛蘋果的氣味。

鼻咽部的一些疾病也可以從口腔反映出臭味，如萎縮性鼻炎、副鼻竇炎、化膿性扁桃腺炎的患者都可以產生口臭。

肺膿腫患者常伴有腐酸性口臭。

肺結核咯血、支氣管擴張咯血者常出現血腥味口臭；晚期肺癌患者常於口腔及呼氣中出現腐腥臭味。

一些金屬如鉛、汞和有機物中毒的患者口腔內會有異常的氣味。

吸煙者口腔中有一種特殊的臭味，這是由於煙草中的化學成分通過口腔及肺部吸收至血液中，然後又通過口腔、鼻腔排出來，形成難聞的氣味。

此外，食用生蔥、生蒜及某些藥物者口腔內亦可產生暫時性口臭。

不良情緒也會導致口臭

緊張、壓力都會令機體副交感神經處於興奮狀態，反射性地出現唾液腺分泌減少，導致口乾。

關於口臭與情緒的關係，中國醫學中早有描述。如清朝《雜病源流悄燭》中説：「虛火鬱熱，蘊於胸胃之間則口臭，或勞心味厚之人亦口臭，或肺為火灼口臭。」現代醫學中口臭也被歸類在心身疾病的範圍中，認為是心理因素，尤其是不良的心境可導致口臭。有學者還認為，不同的情緒障礙所伴有的口臭類型有一定的特徵性。

飲食宜忌

宜多吃

- 蔬菜和蘋果，以保護齒齦；
- 薑、肉桂、芥末和辣根，以防鼻竇炎；
- 全穀類和水，以防便秘；
- 胡蘿蔔（紅蘿蔔）、花莖類甘藍、菠菜和柑橘類水果，以攝取 β - 胡蘿蔔素和維他命 C。

應少吃

糖、甜食、甜飲料、蛋糕和餅乾，以保護牙齒和牙齦，並減少牙菌斑。

應忌吃

- 大蒜、洋葱和咖喱；
- 吸煙或其他煙草製品及喝酒。

牙醫告訴你

口味異常是指患者自覺口中的味覺異常，如酸、苦、鹹等感覺。現代醫學認為，口腔出現異味，常常是消化系統功能紊亂、消化腺分泌過多或過少引起的，病變器官常涉及胃、腸、胰腺、肝、膽等。

除口臭方法

多吃蔬菜和水果

蔬菜和水果中含有的維他命還可幫助牙齦恢復健康，防止牙齦流血，排除口腔中過多的黏膜分泌物及廢物。

使用口氣清新劑

口氣清新劑可以及時有效地除去口腔中食物代謝物引起的臭味，以及因輕度鼻竇炎造成的異味和吸煙導致的口臭等。可以先喝幾口清水，噴上口氣清新劑後閉上嘴數秒，便能令口腔保持數小時的清新。

喝檸檬水和泡服花草茶

飲水時加上一片檸檬，能刺激唾液分泌，減少因鼻塞、口乾或口腔內殘餘食物引起的厭氧細菌造成的口臭。泡服花草茶能去除宿便和調節腸道，防止毒素進入體內引起口臭。

早晚均要徹底刷淨牙齒

每日用一次牙線徹底清除藏在牙縫內的牙垢。

及時就醫，去除引起口臭的各種病因，能從根本上治療口臭。

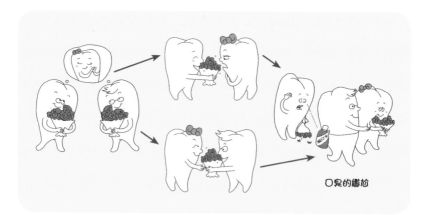

口臭的尷尬

No.11 磨牙

　　睡眠時習慣性磨牙或者白天也無意識地磨牙被稱為「磨牙症」，好發於兒童及青年。磨牙是由於咀嚼肌反覆收縮，上下牙齒相互碰撞發出聲響引起的。

磨牙的原理

　　咀嚼肌收縮如同自來水，三叉神經就像水龍頭。三叉神經興奮後，就像水龍頭被打開，會導致咀嚼肌收縮，就像水流出來，於是就出現了磨牙現象，好比「嘩嘩」的水聲。

　　磨牙常常發生在夜晚入睡後，患者本人並不知曉。還有一種磨牙是「緊咬型」磨牙，即在白天不自覺地將牙咬緊，但不進行上下磨動。也有人兼具兩種磨牙。

　　情緒緊張、焦慮是夜間磨牙的常見發病原因。一些消極的情緒因素由於種種原因沒有及時發泄出來，就會隱藏在潛意識中，週期性地通過各種方式表現出來，磨牙症就是表現方式之一。

　　牙源性的因素是發生磨牙症的局部因素，比如咬合不協調等。

　　全身因素可能與寄生蟲、胃腸功能紊亂、缺鈣、遺傳等因素有關。

晚上磨牙和白天吃飯大不同

晚上磨牙和白天吃飯都是進行咀嚼，有什麼不一樣嗎？

白天吃飯　咀嚼食物時，牙齒間有食物墊的緩衝，並不斷得到水分、唾液的潤滑，從而可以減少其磨損。

- -

夜間磨牙　一般是在熟睡後，這時口腔內既無食物，唾液分泌也很少，牙齒得不到潤滑，只能像推空磨盤一樣「乾磨」。

引起少兒磨牙的原因

少兒白天玩得太興奮，過於激動或疲勞，或受了驚嚇，或白天學習緊張，使其大腦皮質的興奮和抑制過程失去平衡，誘發咀嚼肌運動，發生一時性不規則的痙攣或收縮，產生了夜間磨牙。

腸道寄生蟲是引起幼兒夜間磨牙的最主要原因。蛔蟲最喜歡在孩子睡着之後在腸子裏活動，並且分泌多種毒素。這些都能刺激腸壁，通過神經系統的作用，會不斷刺激熟睡中孩子的大腦皮質，使之出現咀嚼肌的痙攣而磨牙。

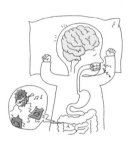

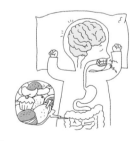

積食，比如睡前吃得過飽，大量食物充斥胃腸而刺激了消化道，神經把這些刺激傳到大腦，使管理消化的腦細胞興奮起來，通過反射作用，引起咀嚼。但由於嘴裏沒有食物，上牙和下牙就直接磨起來。

兒童替牙期牙齒的咬合障礙、慢性牙周炎、精神運動性癲癇、癔病或做夢吃東西等均可以造成夜間磨牙。

磨牙的危害

磨牙者後牙咬合面磨成平板狀，使牙齒的咀嚼功能降低，引起咀嚼肌疲勞。由於砝瑯質受到損害，可引起象牙質過敏，遇到冷、熱、酸、辣時就會發生牙痛。時間一長，還會引起牙周病，嚴重的還可引起牙髓炎。

長時間磨牙除了影響睡眠，還會使面部過度疲勞，下頜關節和局部肌肉酸痛，張口時下頜關節還會發出響聲。此外，由於磨牙者的咀嚼肌不停地收縮，久而久之，咀嚼肌纖維增粗，使得臉型也發生了變化。

如果兒時的磨牙習慣沒有及時得到糾正，日久天長，大腦皮質一旦形成固定的條件反射之後，可能一輩子都有磨牙的習慣。所以如果發現有磨牙現象，應該趕緊對症治療。

糾正少兒磨牙的方法

對於夜間磨牙的孩子，家長要注意使其精神放鬆，尤其在睡覺前 1~2 小時，不要做一些緊張激烈的活動。

注意調節好飲食，吃一些容易消化、營養豐富的食物，晚飯不要吃得過飽。

如果發現有腸道寄生蟲，應當在醫生的指導下驅蟲。

有牙齒排列不齊、咬合關係錯亂的，要進行矯正。

如果夜間磨牙不能糾正，可找牙醫口腔科做一個磨牙矯治器「塑料牙托」。睡覺時戴上，可防止磨牙，又能保護牙齒。

成人磨牙應對方法

1. 心理治療

如果患者確實因精神心理因素的作用，使頜骨肌肉張力過度。應消除緊張情緒，解除不必要的顧慮。

----

2. 減輕大腦興奮治療

睡前情緒放鬆，避免進食興奮性食品和吸煙，改善睡眠環境等有利於減輕大腦的興奮狀態。

----

3. 肌肉鬆弛療法

頜骨肌肉過分緊張是引起磨牙症的原因之一，解除肌肉過度緊張是控制磨牙症的必要手段。

----

4. 睡眠中喚醒刺激的治療

通過生物反饋，使患者在磨牙發生時被聲音等電信號驚醒從而暫時停止磨牙。

----

5. 調整牙頜治療

通過調磨少量牙體組織，去除咬合干擾，建立咬合平衡關係，以達到牙頜、咀嚼肌、顳下頜關節三者間的生理平衡，消除磨牙症。對於有牙頜畸形的患者先進行矯正或修復，然後服用相關藥物進行調理。

----

6. 糾正牙頜系統不良習慣

糾正牙頜系統不良的習慣，如單側咀嚼、咬鉛筆、常嚼香口膠等。

----

7. 藥物治療

主要着眼點是調整牙頜面運動障礙和肌肉張力失常。

牙齒健康關係壽命

牙病不是小問題，牙齒健康不僅是口腔問題，而且與全身健康有着密切聯繫。

從醫學角度講，人體每個器官發生微小的病變，都不是一朝一夕的事，也都與其他器官有着密切關係，牙齒也是一樣。而且，牙齒還是身體的警報器，一些嚴重的全身性疾病，發病初期或合併徵狀就表現在牙齒上。

Chapter 3

牙痛，提示肝火旺

　　牙痛往往影響人的情緒。常常牙痛的人脾氣會很暴躁，總是給人一種怒氣衝衝、一觸即發的感覺，事實也的確如此。

　　一方面由於牙痛的滋味的確很難受，一般人難以忍受，所以經常會找機會爆發出來；另一方面牙痛預示着肝臟火氣旺盛。

肝兄，不要再動氣啦，你害得我好痛！

牙醫告訴你

　　心理因素也經常會反映在牙齒上。這時最好趕緊想辦法調理一下肝火，否則情緒問題過於嚴重時，往往就會影響身體的健康狀況。

　　預防肝火旺，要睡眠足夠、心境放鬆。肝火茂盛的人，還要多吃些木耳、菊花和蓮子等偏涼的食物。

牙病，可引起頭痛、咽炎和中耳炎

人的七竅都是相通的，牙齒也一樣，和其他器官密切相關。很多時候，牙痛時，同側頭部也會發痛，尤其是太陽穴附近。這時用手指使勁捏太陽穴及附近的部位，感覺會稍微緩解一下。一旦停止捏揉，疼痛又會「捲土重來」。這種疼痛一般是由於牙髓發炎累及週圍神經，疼痛感擴大，最終波及半個頭部。

從中醫角度解釋，由於體內實火或虛火過於旺盛，沿着經絡向上蒸騰，熏烤人的頭面部。由於頭面部經絡密佈，火邪瘀滯在經絡裏無法排泄出去，就會引起牙週圍組織和面部疼痛。因此，這種牙痛一般都會與偏頭痛緊密相伴。

有人認為，「牙痛不算病，忍忍就會沒事」，結果沒有及時治療，炎症範圍一步步擴大，從而波及口腔、咽喉甚至耳內，引起口腔炎、咽喉炎和中耳炎。

牙痛真是病，疼起來真要命。

耳、咽相通，炎菌可漫遊

從人體構造來看，耳部與咽部是相通的，中間由耳咽管相連。一旦牙齒疾病沒有得到及時治療，就可能導致咽部炎症，而耳咽管又給炎症提供了一個入侵通道，讓它可從口腔進入耳內。因此，如果牙齒發炎，不管是牙周炎還是牙髓炎，都要及時控制炎症，不給它任何蔓延的機會，否則口腔的其他部位和耳朵就要遭殃了。

牙周細菌，可致多種疾病

　　當腦卒中、心內膜炎、細菌性肺炎等疾病發病時，你會不會想到是牙病惹的禍？答案是完全可能的。下面這些疾病與牙周細菌密切相關：

易導致的疾病	致病原因説明
動脈硬化	牙周病原體及其代謝產物所產生的毒素入血，可導致短暫的低水平菌血症，同時可促使動脈硬化斑塊形成。
心臟疾病	心臟裏的血液營養豐富，是牙周病菌的最好溫床，一旦牙周病菌進入心臟，就會大量增生，導致心臟內膜炎，最終引發心肌收縮不全、心肌梗死等疾病。有牙周病的人，患心臟病的概率大約是健康人的 3 倍。
糖尿病	有牙周病的人會出現胰島素抵抗的現象，然後干擾胰島素，使得血液中的糖份增多，血糖值無法下降，進而造成糖尿病。
胃部疾病	口腔中積累着過多牙周病菌的人，比健康的人更容易感染幽門螺杆菌與弧形杆菌等，而這兩種細菌是胃炎和胃潰瘍的罪魁禍首，長久不癒，會引發胃癌。
肺炎	老年人口腔容易乾燥，反射功能無法靈活運作，導致含有牙周細菌的唾液進入支氣管，並停留在肺部組織，造成肺組織發炎。
風濕病	牙周病菌進入血液中並傳遍全身，使免疫系統不停地運轉，這時候所產生的炎性物質，會成為風濕病等疾病的誘發原因。
冠心病	牙周病菌產生的毒素和炎性介質，是造成血管壁損傷的有害物質。牙周炎患者因冠心病死亡或住院的發生率比健康人高 25%。
腦卒中	研究表明，25% 的腦卒中患者有牙科感染，對他們來說，牙周病菌的危險大於吸煙。

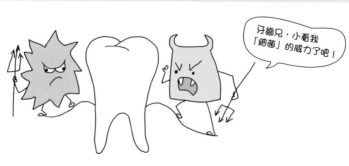

牙齒兄，小看我「細菌」的威力了吧！

牙齦出血，警示肝臟疾病

自測（如有以下情況，請在□內劃 √）

1. 刷牙時，即使用力很輕，而且牙刷也很柔軟，並且確定沒有戳到牙齦，牙刷上也經常會有帶血漬的牙膏沫。
   □有　　□沒有

2. 有時候吃一些比較硬的東西，如堅果、蘋果等，會發現啃過的牙印上有血漬。
   □有　　□沒有

選「有」的人，如果可以排除牙周病的可能，那說明肝臟有可能出了問題。

由於肝細胞受損時，肝臟不能正常產生凝血因子，身體的凝血功能就會下降。因此，患有肝部疾病的人牙齦容易出血。

對此，首先要去醫院進行全面的身體檢查，積極治療原發疾病，並按醫生的叮囑補充維他命 C、服用含維他命 K 等促進凝血功能的藥物來緩解病情。

牙出血，要當心，可能是肝臟出了問題。

牙齒鬆動，營養缺失

　　有些人年紀不大，牙齒卻開始鬆動了，並且感到牙根隱隱作痛，仔細觀察，可以看到牙齦很薄很少，顏色也不像正常牙齦那樣紅潤亮澤，甚至幾乎露出了牙根，這就是牙齦萎縮。

　　這種牙齦萎縮並不是衰老引起的自然退化，而是身體的營養輸送遇到了障礙，沒法順利運輸到牙齦，使牙齦長期忍受「饑餓」，直到退化。

　　這類人通常脾臟和胃的運輸、吸收功能減弱，看起來比較消瘦，臉色灰暗，始終無精打采。

　　大多數中老年人會有這樣的感覺，自己的牙齒沒有以前牢固了。這是因為人到中年，身體各器官都開始走下坡路，而骨骼在下坡路上走的速度比其他器官還要快，並且密度開始降低，而牙齒也屬骨骼家族的一員。因此，如果中老年人發現自己的牙齒鬆動嚴重，就要警惕全身性骨骼疏鬆，應該及時醫治、鍛煉。

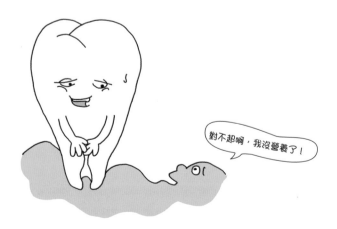

對不起啊，我沒營養了！

牙齒發黏，腸胃出了問題

　　吃完飯後儘管刷了牙，過一會兒卻覺得嘴裏黏黏的，還有微微黏牙的感覺，有時嘴裏還會有甜甜的味道或濃重的口氣，這時就要審視脾胃了。

　　一般口中發黏發甜都是由於脾胃實熱過盛，化成濕濁和熱濁，這些物質鬱積在脾胃中，無法升騰運化，濕熱邪氣上行至口腔，就會有牙齒黏黏的感覺。

　　還有人經常出現牙齒腫痛，這是一種隱隱約約的麻木的痛，感覺脹脹的，總想用指甲擠壓。通常還伴有便秘、口渴、腹脹等徵狀，這也與胃熱有關。

　　有時，會覺得牙齒變長了。其實這就是牙齒在向你「通風報信」。要趕緊去醫院進行全面體檢，預防和控制糖尿病的發生。

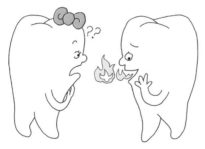

牙齒的變化，
是疾病的先期徵兆。

牙醫告訴你

針對這種情況，要注意飲食調節，不能吃辛辣油膩的東西，而應吃清淡而容易消化的食物，逐漸將脾胃裏的濕熱邪氣排出去。

但要注意，不能攝入寒涼的食物；因為寒涼的食物不但不能中和體內的濕熱，反而易在體內瘀滯，轉化為濕熱。

齒色改變，反映多種疾病 ▶

牙醫告訴你

需要注意的是，抗生素包括四環素和土黴素等，會引起齒色偏黃；金黴素會導致牙齒呈灰棕色；去甲金黴素形成的黃色最深。

因此，妊娠期女性、嬰幼兒和學齡前兒童已被禁止應用四環素族藥物。

正常人牙齒潔白潤澤，齒齦淡紅滋潤。如果牙齒或齒齦色澤改變，可能提示着一些疾病。

齒色枯白	牙齒雖白但乾枯無光澤，此為腎陰枯涸、氣血虛極之象。
	多見於老年人或慢性消耗性疾病、血液病、消化吸收不良症、慢性腎病等。
齒色發黃	老年人牙齒漸黃而乾枯，為正常生理現象。
	如果年輕人牙齒突然變黃，甚至色如黃豆，為腎氣衰絕的徵候。
齒齦淡白	齒齦屬於口腔黏膜，正常時顏色淡紅而滋潤。
	如果齒齦色淡，甚至灰白無血色，多為血虛引起，常見於失血性疾病、貧血、慢性肝病以及其他慢性消耗性疾病。

不放棄每一顆牙齒

牙齒説：別放棄我，我能活到 80 歲！

沒錯，拔掉牙齒，就再不會有牙痛或牙齒敏感，以及其他不適了。可是，如果選擇拔牙，就意味着放棄了這顆牙齒與生俱來的功能，也意味着必須想其他辦法來彌補這種功能的缺失。

目前的醫學技術無法讓恒齒再生，一些針對牙齒缺失的修復技術也都有着自身局限性。因此，一個負責任的牙醫會告訴你：牙齒永遠是自己天生的好，只要用對保養方法，你的牙齒可以陪你活到 80 歲！

Chapter 4

不要輕易給牙齒「判死刑」

因為牙痛的折磨，有的人選擇把壞牙拔掉。其實，這是非常不負責任的。動不動就拔牙的做法不僅對患牙不公平，而且還會影響到整副牙齒，甚至身體健康。

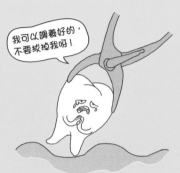

我可以調養好的，不要拔掉我呀！

事實上，臨床上真正需要拔牙的病例不會超過 10%，大多數患者只要接受治療，都可以保留自己原來的牙齒。

因此，如果持續牙齒疼痛，就要趕緊去看醫生。

如果是齲病，但是還沒有損傷到牙神經，那麼去掉壞的牙體組織，補好就行了。

我有健康的牙神經，把破損的地方補好就行啦！

如果齲病過於嚴重，損傷到牙神經，那就需要殺死牙神經，做根管治療，保存完整的牙齒，以保存它的咀嚼功能。

只能殺死我的神經了！保留我完整的身體吧，我還能為你工作。

牙醫告訴你

牙病治療是持保留原則，即能保留牙冠的就保留牙冠，牙冠不能保留的也要盡量保留牙根，只有當牙齒鬆動到了實在無法保留的地步才考慮拔牙。

有研究稱，牙齒是同記憶力、反應力相關的，拔牙後人的反應能力、記憶能力會出現緩慢的迹象。同時，拔牙過後一般都需要重新鑲配假牙，而假牙都得掛在週圍牙齒上，會加重週圍牙齒的負荷，致使這些牙齒也會變得鬆動，容易脫落。

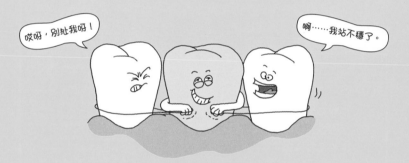

所以，牙齒輕易拔不得。並且，若是拔掉之後不及時修復，咀嚼能力就會大大降低，而咀嚼能力對大腦是有一定影響的，因為咀嚼能鍛煉牙齒，刺激腦神經，從而使腦神經活躍。相應的，咀嚼能力降低會使大腦思維反應變慢。

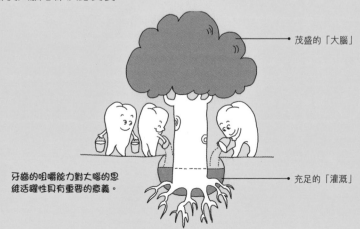

茂盛的「大腦」

充足的「灌溉」

牙齒的咀嚼能力對大腦的思維活躍性具有重要的意義。

牙齒當然能保留就保留，可是，如果真到了非拔不可的時候，也要聽從醫囑。

那麼，到底哪些情況必須要拔牙呢？

拔牙，請對號入座

1. 因條件所限不能治療的晚期牙周病牙。
2. 牙體有嚴重蛀蝕，不能修復的患牙。但如果牙根及根周情況良好，可經治療後做椿冠或覆蓋假牙，不必拔除。
3. 不能用根管治療等方法保留的根尖周炎病變者。
4. 創傷牙因外傷折裂至齦下，或同時有根折，不能用其他治療方法保存者。但折裂線在齦上的牙，應根據具體情況決定，一般應盡量保留。
5. 移位或錯位牙如影響咀嚼功能及美觀，引起疾病或創傷等，均應拔除。
6. 引起鄰牙蛀蝕或反覆引起冠周炎的阻生牙。
7. 位置不正或妨礙美觀和功能的多生牙也應拔除。
8. 治療需要：因矯正需要進行減數的牙；因假牙修復需要拔除的牙；放療前為預防嚴重併發症而需拔除的牙；良性腫瘤或囊腫波及的牙，因不能保留或因治療需要而應拔除的牙。
9. 滯留乳齒應當拔除。但在成人牙列中的乳齒，下方無恒齒或恒齒阻生時，如乳齒無鬆動且有功能，則不必拔除。
10. 對疑為引起某些疾病的病灶牙也應拔除。引起某些局部疾病如頜骨骨髓炎、上頜竇炎等的病灶牙，應在急性炎症得到控制後拔除。

總之，為了牙齒和身體，為了你的思維，不要輕易拔牙！當牙齒有了病症的時候，要去醫院做檢查治療，很多的患牙是能夠恢復健康的。

拔牙應該注意的問題

　　如果確實需要拔牙，要與醫生約好時間。那麼，拔牙前需要做哪些準備工作？拔牙後又有哪些注意事項呢？

拔牙當天的準備

1. 女性最好不要趕在月經期，否則出血會比較多，也比較容易發生感染。
2. 盡量避開感冒高發的季節，因為發生感染的可能性較大。
3. 如果是難度較大的拔牙，建議上午去拔牙。上午醫生和患者的體力精力都好，拔牙以後觀察的時間也長。
4. 如果預料拔牙的難度比較大或者要拔的牙齒是發過炎的，或者本身比較怕疼，可以在拔牙前半小時吃一片消炎藥或止痛藥。
5. 拔牙時不宜空腹，因空腹拔牙易出現暈厥現象。但也不要吃太多或太油膩的食物，否則可能會在拔牙的過程當中出現噁心，甚至嘔吐。

* 記住，拔牙前一定要將牙齒刷乾淨。

拔牙之後要做什麼

1. 拔牙以後，要心情平靜，仔細聽聽醫生的交代。

2. 拔牙後創口上的紗布或棉球，需咬住 30~45 分鐘才能吐掉，咬住紗布時，若有口水可正常嚥下。

3. 當天不要漱口、刷牙，不要多吐口水，防止出血或感染。不要因口腔內有血腥味而反覆吮吸、吐掉血凝塊，而致傷口不癒。

4. 拔牙後可取半臥位休息，不要平臥，不要馬上洗熱水澡，以免創口出血。

5. 拔牙 2 個小時內最好不要吃東西，當天要吃軟爛、流質或半流質食物，以溫冷為宜，不吃過硬、過熱的食物；可用另一側咀嚼。

6. 拔牙當天盡量少運動，少講話，忌煙酒和辛辣食物。

7. 拔牙後 2 天內，口水中有血絲屬正常現象，如遇出血不止，應去醫院檢查。

8. 拔牙時如口腔有縫線，一般在 4~5 天後才可拆線。

9. 一般拔牙可以不用口服常規抗生素，如果拔智慧牙或創傷較大的牙一定要口服抗生素，徵狀加重的可靜脈滴注抗生素。

10. 除了第三臼齒與多生牙，一般成人拔牙後均需安裝假牙，大約拔牙後 2 個月內應鑲牙（除阻生齒外），以避免鄰牙倒伏。

假牙：無可奈何的替代品

　　當牙齒因種種原因缺失後，千萬不能放任不管，要及早進行修復，安裝合適的假牙，以恢復口腔正常功能。

　　假牙分為活動假牙和固定假牙兩種。

活動假牙

　　活動假牙又稱「活牙」，利用天然牙和基托覆蓋的黏膜、骨組織做支持，靠假牙的固位體和基托固位，能自由取戴的一種修復體。

　　優點：它的適應範圍較廣，能修復牙列和牙槽脊任何部位的缺損。
　　　　　磨除牙體組織少，製作清洗方便，費用低廉等。

　　缺點：體積大，部件多，初戴者常有異物感，發音困難，甚至出
　　　　　現噁心，且咀嚼效率不如固定假牙。

　　精密附着體假牙：是一種新興的活動假牙。適用於對可摘假牙美觀及功能要求高的牙列缺損患者，並要求患者基牙條件較好，有適宜的頜間距離。

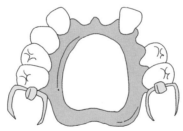

　　禁用於：口腔衛生差者；
　　　　　　生活無自理能力的老年人、殘疾人；
　　　　　　牙周炎未治療控制或根充治療不完善者；
　　　　　　無安放附着體所需要的頜間距離者。

　　精密附着體假牙對臨床要求及製作工藝的要求都相當高，費用相對較貴，需臨床醫生綜合考慮缺失牙區、基牙、牙周組織健康狀況及患者對修復體的綜合要求，並結合患者的經濟承受能力，慎重選擇適應證。

固定假牙

　　固定假牙又稱「死牙」，利用缺牙間隙相鄰的天然牙做支撐，通過假牙上的固位體黏貼、固定於天然牙上，患者不能自行摘戴，如烤瓷牙。固定假牙能恢復較高的咀嚼效率，而且舒適美觀，無異物感。但要求缺牙兩側的牙齒堅固，形態和位置正常，無過度磨耗及傾斜移位，牙周組織健康，無牙齦萎縮等。

馬利蘭牙橋

　　隨着口腔治療技術的發展，現在的修復方法越來越多，為了避免磨除鄰牙較多的牙體，可選用馬利蘭牙橋。它是通過兩個類似翼的結構黏貼到鄰牙上，從而取得固定的作用。但是長期的臨床應用顯示：其在門牙區較牢固，在後牙區則易脫落。

　　門牙就如同店舖的門面，修復時不僅要考慮實用，還要考慮美觀。因此，門牙可選用色澤逼真自然的烤瓷牙；後牙則主要以恢復功能為主，可考慮選用金屬牙冠，該種假牙性能穩定且耐磨性高。

　　到底選擇哪種假牙，要根據個人喜好以及自身狀況綜合分析，只有及時有效地修復缺失的牙齒，才能恢復正常的咀嚼功能，防止因牙齒缺失造成營養不良及各種口腔問題。

種植牙：第三副牙齒

　　人會有第三副牙齒嗎？這不是夢想，現代科學已經證實，種植牙是最接近人類真牙的修復方法。牙齒種植包括「真牙再植」和「假牙種植」。

真牙再植

　　因意外而發生牙齒脫落，可採用牙齒再植術，將脫落的牙齒再植到原來的牙槽窩內。

　　但是，它的要求很嚴格。

　　首先，脫落的牙齒必須是完整的。 也就是說，牙齒必須是完整地從牙槽窩內脫出。

　　其次，脫落的牙齒必須保持潮濕。

　　根據當時條件，可用自來水將脫落的牙齒沖洗乾淨迅速放回牙槽窩內，及時找牙醫就診；或用自來水沖洗乾淨，放入生理鹽水小瓶內或用濕毛巾包起來，迅速找牙醫就診。

手持脫落牙齒的正確方法

　　再次，牙齒脫落後，拿回醫院再植的最佳時機是半小時內。 若損傷 2 小時後復位，牙髓將會壞死，只能保留牙齒。

　　牙齒重新再植，一般經 3 個月的治療都可復位，不但恢復原來的外觀，還能恢復正常的咀嚼功能。

　　如果脫落的牙齒牙根已折斷或牙齒週圍組織已有炎症或病變，或脫落的時間很長，牙周膜及牙髓均已失去活力，就不利再植了。此時，還有一個選擇，那就是種植假牙。

牙醫告訴你

在這個過程中必須注意，用自來水沖洗牙齒時，不能用手或布擦洗牙根。脫落的牙齒也不能用紙、乾布或棉布包着，防止損傷根周牙膜。因為牙周膜的多少與再植成功率的高低有密切關係。而且，如果脫落的牙齒帶有週圍的軟組織或小塊牙槽骨，切莫將它和牙齒分開，這樣再植後可使牙齒獲得更好的營養供給，效果會更好。

假牙種植

用外科手術方法將「人造牙根」植入頜骨內，待「人造牙根」和骨組織結合後，再於「人造牙根」上裝上假牙。通過人工種植牙技術修復缺失的恒齒後，不僅形態逼真美觀，患者感覺舒適，而且能完美恢復咀嚼功能。所以，有人將種植牙稱為「人類的第三副牙齒」。

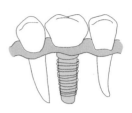

種植牙美觀舒適

種植牙的優點

1. 能很好地恢復牙齒功能，咀嚼功能優於其他傳統假牙。
2. 依靠自身的人工牙根進行修復，不用磨旁邊的健康牙齒，對牙齒沒有傷害。
3. 人工牙根牙槽骨緊密結合，像真牙一樣紮根在口腔裏，具有很強的固位力與穩定性。
4. 可以根據就診者的臉型、其他牙齒的形狀與顏色製作牙冠，達到整體協調和美觀的最佳效果。
5. 不使用活動假牙必需的基托與卡環，沒有異物感，非常舒適、方便，而且有利於保持口腔的清潔衛生。
6. 種植牙手術是一個較小的牙槽外科手術，採用局部麻醉，創傷小，術後即可進食，幾乎無痛苦。
7. 由於選用的是與人體相容性極好的生物材料，種植牙對人體不會產生任何不良反應。如果種植牙沒有成功，可以取出骨材料，待骨癒合重新種植，或者改用其他修復方法。

人工種植牙種植方法演示

人工金屬牙根

第一步是在局部麻醉下將人工種植體置入牙槽骨內。

第二步在 3~6 個月後進行，在局部麻醉下切開牙齦，安裝癒合基台。

第三步是 2~8 週後牙齦癒合，在種植體上安裝假牙，完成修復。

護牙技巧 ABC

Chapter 5

你是否知道刷牙其實不像我們想的那樣簡單？

你是否會不刷牙就去休息？

你知道漱口水、牙線、牙籤、牙膏、牙粉這些牙齒護理品在我們生活中到底扮演什麼樣的角色？

還有，總是帶在身邊的香口膠，到底對我們的牙齒是好是壞？

牙齒保護，其實大有學問！

不同時期的護牙技巧

幼年期 ▶

　　幼年期是一個比較特殊的時期，因為中途面臨着一次退換牙齒的過程。一般來説，兒童會從六七歲開始換牙，乳齒全部脱掉，長出的新牙則是以後一直要使用的恒齒。那麼，在這個敏感的時期，孩子們的牙齒又該如何照顧呢？

　　有人會覺得反正乳齒都是要掉的，沒有護理的必要，當孩子長出恒齒再開始護理也不遲，這是一種錯誤的想法。乳齒對兒童的咀嚼、發音、恒齒的正常替換和全身的生長發育有着重要的作用。因此，從乳齒萌出開始就應該特別注意對乳齒的保護。如果乳齒不好好保護，之後萌出的恒齒也可能會出問題。

　　那麼，該如何關愛乳齒和恒齒？

乳齒的保護

　　乳齒萌出後最容易得齲病，開始時在牙齒上形成一個小洞，不痛，孩子自己和家長常容易忽略，以後齲病逐漸發展，齲洞變大、變深而產生疼痛，並且影響咀嚼進而產生牙周炎等。一旦乳齒根部發生炎症，就會影響處於發育鈣化的恒齒胚，有可能使恒齒發育異常。

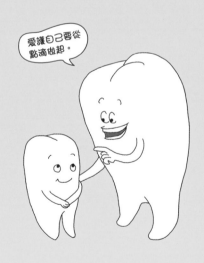

愛護自己要從點滴做起。

保護乳齒要讓孩子做到以下幾點

1. 補充蛋白質和鈣質，同時也要吃一些易消化又較硬的食物，以促進乳齒的生長，減少吃糖；每天喝牛奶。
2. 一定要認真刷牙，使用優質的兒童牙膏，每次用量不超過 1 厘米，每天刷牙 2 次。
3. 吃水果或吃飯後，一定要漱口。
4. 少吃甜食和零食。吃完後應立即用溫開水漱口，去除齲病的誘發因素。
5. 糾正兒童不良習慣，如吸吮手指、含奶或含飯在口中入睡等。
6. 運動時注意保護牙齒安全。

恒齒長出後的護理

在孩子恒齒開始長出時，需要特別注意，因為這副牙齒，將是伴隨孩子一生的咀嚼工具。那麼，我們該如何幫助孩子保護新長出的恒齒呢？

最重要的，還是要**控制甜食的攝入量**。這個時候，孩子正是貪吃的年齡，甜食依然是他們的最愛。所以，必須控制甜食，積極防蛀。

養成合理健康的衛生習慣。刷牙漱口一定要認真，用合適的牙膏、牙刷以合理的方式刷牙，不給口腔細菌滋生的機會。

定期口腔健康檢查。這對於學齡兒童尤為重要，因為兒童正處於乳恒齒交替期，口腔狀況變化快，定期進行口腔健康檢查可以瞭解乳齒的脫落情況、恒齒胚的發育狀況以及牙列發育、咬合關係的建立等，便於及早發現問題，及時解決。

為孩子剛萌出的恒齒**做「窩溝封閉」護理**，這是一種很有效的防齲方式，一般口腔醫院都可實施。

　　度過了天真快樂的童年，孩子們進入了青春期，這個時候的孩子開始注重起自己的儀表，對自己的要求變得很苛刻。那麼青少年要怎樣才能保持牙齒健康，綻放燦爛笑容呢？最佳方法就是繼續保持良好的口腔衛生習慣。

1. 每天使用含氟牙膏刷牙

對於青春期的孩子來說，齲病、牙周病是最常見的兩大牙病，其致病大敵源於牙菌斑。牙菌斑能牢固地黏附在牙齒表面，產酸引起牙質脫鈣蛀蝕，也可以因其毒物或代謝產物刺激牙周組織而造成牙周病。因此，青少年必須掌握正確的刷牙方法，保證刷牙的質量，才能將牙菌斑對牙齒的傷害降到最低。同時，含氟牙膏可以有效清除牙菌斑。

2. 每天使用牙線

不要以為使用了牙膏刷牙就萬事大吉，牙線是很有必要的牙齒清潔工具。它可以有效地清除牙齒縫隙內的牙菌斑。如果沒有及時清除牙菌斑，它就會硬化成難看、堅硬的黃色沉積物——牙結石。

3. 限制糖類及澱粉類食物的攝入

糖類對牙齒的破壞性很大，尤其是黏牙的零食。

4. 飲食合理

暴食症（暴飲暴食，然後再嘔吐）與厭食
症（因為過分擔心體重增加而經常出現嘔
吐）都是非常嚴重的飲食失調。

不要忽視嘔吐，胃內容物回流會造成砝瑯
質的腐蝕，直接影響牙齒的外表。牙科醫
生無法治癒被溶解的砝瑯質。

5. 定期看牙科醫生

進行專業的清理與檢查，除了能夠幫助
牙齒延長壽命外，還會使你擁有更清新
的口氣與更迷人的笑容。

6. 拒絕吸煙

吸煙除對身體有害，還會使牙齒與牙齦以
及牙齒上沉積的牙垢變黑，同時產生難聞
的口氣。並且，吸煙的人更容易患齲病。
這是由於變形鏈球菌導致齲病的主要致病
菌，尼古丁能夠促進變形鏈球菌生長。

7. 不要忽視營養

營養對於牙齒健康起着關鍵性的作用。健康
的牙齒需要多種營養元素的共同作用。因
此，食用營養均衡的食物會對牙齒有着十分
重要的正面影響，如芝士、新鮮的蔬菜以及
水果等，這些都會對你的牙齒有幫助。

8. 杜絕零食和飲料

很多零食與飲料中含有高量的糖類，
「有助」於牙菌斑的形成，而牙菌斑
不僅會讓你的牙齒變黃變難看，還會
破壞砝瑯質。

常見牙齒問題

1. 牙齒矯正

許多兒童與青少年需要戴牙套，以便矯正畸形的牙齒及改善臉型。在開始矯正之前，需要請專業醫生做一個畸形齒矯正評估，確定是否需要戴牙套，並找出最適合的治療方法。當被確認為需要戴牙套時，就應該採取相應的護理措施。

---

2. 護齒器

如果你是一個熱愛體育運動的少年，那就很需要一個護齒器。當使用這些防護用具時，它可以覆蓋在你的上牙，用於防止牙齒的折斷、嘴唇傷害以及其他對口腔的傷害。之外，如果你戴了牙套或者其他用來固定牙齒的矯正器械，如假牙牙橋，牙科醫生也可能會建議你用護齒器。

---

3. 口腔穿刺

口腔穿刺是指在舌頭、嘴唇或臉頰處的任何一種穿刺。比在耳部的穿刺會引發更大的健康危險，如感染、無法控制的出血以及神經損傷等。因此，在對口腔任何部位進行穿刺前，應該尋求牙醫的建議，做出安全的選擇。

---

4. 使牙齒更潔白

由牙科醫生進行徹底的清洗會清除大部分由食物與煙草造成的外部污漬。此外，使用美白牙膏也有助於除掉污漬。如果污漬已經存在了很多年，需要對牙齒進行專業的美白。牙齒內部的污漬可以通過漂白、黏貼或者戴牙套（烤瓷牙）的方式來掩飾。

妊娠期 ▶

　　雖然男性和女性在牙齒護理方面沒有區別，但是，對於妊娠期的準媽媽來說，一切大有不同，必須得細心注意。

提防牙齦炎

　　牙齦炎是孕婦最容易患的疾病。懷孕期間，隨着荷爾蒙水平的改變，黃體酮水平的增高，牙齦對局部刺激的反應增強，使得牙齦血管增生，血管通透性增強，在口腔衛生差、軟垢大量堆積的情況下，牙齦就會鮮紅腫脹，容易出血，這種現象被稱為妊娠期牙齦炎。因此，準媽媽在懷孕期間一定要注意口腔衛生，起床後、睡前都要用含氟化物的牙膏刷牙，並用牙線徹底清除牙菌斑，以防治妊娠期牙齦炎，亦可借此令輕微的牙齦發炎自然痊癒。

提防牙齒敏感

　　牙齒敏感也是準媽媽很容易發生的狀況。懷孕期間，孕婦可能偏吃甜酸食物或容易嘔吐，酸性食物和嘔吐物會直接侵蝕牙齒表面的琺瑯質，使象牙質外露，因此造成牙齒敏感。想要避免牙齒敏感，最簡單的方法就是避免進食甜酸食物。如果孕婦已經有了牙齒敏感徵狀，則可請教牙科醫生及時接受適當的治療。

防範齲病

　　女性在懷孕時，胃口會改變，喜歡吃甜酸的食物，吃喝的次數亦變得頻密，患上齲病的機會便會增加。

不可忽視妊娠期齦瘤

　　患有妊娠期牙齦炎的女性，由於害怕牙齒出血，刷牙時不敢用力，口腔衛生更加難以維持，個別牙齦便會增生成為瘤狀，這就是妊娠期齦瘤。

準媽媽應如何保健口腔

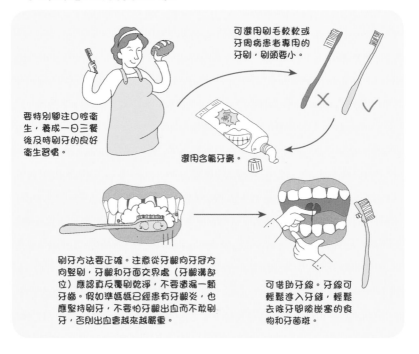

要特別關注口腔衛生，養成一日三餐後及時刷牙的良好衛生習慣。

可選用刷毛較軟或牙周病患者專用的牙刷，刷頭要小。

選用含氟牙膏。

刷牙方法要正確。注意從牙齦向牙冠方向豎刷，牙齦和牙面交界處（牙齦溝部位）應認真反覆刷乾淨，不要遺漏一顆牙齒。假如準媽媽已經患有牙齦炎，也應堅持刷牙，不要怕牙齦出血而不敢刷牙，否則出血會越來越嚴重。

可借助牙線。牙線可輕鬆進入牙縫，輕鬆去除牙間隙嵌塞的食物和牙菌斑。

　　及早到口腔科檢查和適時治療。如果孕前沒有做過口腔檢查，懷孕後應及時去看牙醫，並要特別向醫生說明已懷孕。醫生會進行仔細的口腔檢查，發現口腔的疾病和存在的隱患。

　　通常在孕早期，也就是在懷孕的 1~3 個月，孕婦的不適感較重。醫生為了避免牙科治療如拔牙等造成的菌血症及孕婦過度緊張對胎兒的不良影響，通常只處理急症。而在孕中期，即懷孕 4~6 個月，胎兒的器官基本發育完成，胎兒體積也不太大，並不影響孕婦活動；所以此時完成對牙齒的治療，如拔牙、洗牙、齲病的填充治療較為適合。

　　總之，懷孕期間應保持心情愉快，注意口腔衛生，做到早期檢查、及時治療。

更年期

處於更年期的人，身體衰老速度加快，骨質變得疏鬆。牙齒也會遭到嚴重侵害！

牙齒也有「更年期」

更年期前後，隨着骨骼中鈣質的丟失，牙槽骨出現疏鬆和萎縮。其表面的牙齦也出現退縮，牙根逐漸暴露出來。這種情況下，牙齒除了變得敏感之外，也更易出現齲病，產生牙痛問題。再加上更年期唾液分泌減少，口腔自潔作用減弱，還容易發生口腔黏膜疾病，如口腔黏膜乾燥、復發性黏膜潰瘍、口腔扁平苔蘚等。另外，更年期的內分泌存在障礙，也容易引起口腔黏膜感覺異常，出現舌根黏膜燒灼感，或出現牙齦炎症加重等徵狀。

警惕根面齲

由於牙齦萎縮，牙根開始暴露且這些部位的硬度較牙冠低，抗齲能力差，易出現齲洞，臨床上稱「根面齲」。根面齲位置隱蔽，不易被發現，因而容易被忽視。所以，更年期應定期檢查牙齒，及早發現齲洞，及早充填。

防治牙周炎

許多人患了牙周炎，以為是「虛火上升，牙周發炎，吃點藥就無事了」。殊不知，牙周炎反覆發作，會損害牙周健康，導致牙齒鬆動脫落。僅靠服藥不能解決問題，應進行局部牙周治療，如牙周潔治、牙周沖洗、上藥或齦下刮治、翻瓣手術等。再配合全身用藥。

牙醫告訴你

建議 45 歲以上人士每年應看一次牙科醫生，進行一次牙齒潔治。當我們全心全意對待牙齒的時候，牙齒也會給我們好的回報。

牙齒脫落後要及時修補

有些更年期人士認為，年紀大了缺幾顆牙是正常的，因此當牙齒鬆動脫落後未及時鑲牙。這樣害處很多，牙齒缺失會明顯降低咀嚼能力，影響消化和營養吸收；加快鄰牙鬆動脫落；影響語言和容貌。

防骨質疏鬆是護齒根本

更年期要多攝入鈣，減緩骨量丟失的速度。如果已經出現了腰酸背痛等徵狀，要儘快去醫院治療，盡力延緩骨質疏鬆的進程，阻止傷害的進一步形成。更年期婦女為防止骨質丟失，每日需攝入鈣 1500 毫克。65 歲以上的婦女，每日需要增至 2500 毫克。

合理安排膳食，選擇一些含鈣多而又容易吸收的食物，如牛奶、海魚、蝦等。尤其是小蝦皮和魚鬆，含鈣量更豐富。每天吃 25 克小蝦皮或魚鬆就能夠滿足一天的鈣需要量。

多吃含鈣多的植物類食物，如海帶、紫菜、芝麻醬、瓜子、豆製品等。如果不愛吃以上這些食物的話，每天吃 500 克豆製品也能滿足一天的鈣需要量。

還要多吃一些綠葉蔬菜或其他帶有顏色的蔬菜，這樣可以促進人體對鈣的吸收。

膳食攝入不足的部分應由鈣劑補充。宜每晚臨睡前飲牛奶或服鈣劑。另外，經常進行戶外活動，增加接受陽光的機會，促使維他命 D 合成，間接補充鈣質。

老年期 ▶

　　人到了晚年，牙齒自然也邁入老年的行列。但是，有的人牙齒如年輕時候一樣整齊潔白，有的人滿口牙齒已經所剩無幾，早早戴上了假牙。為什麼差別如此之大呢？

老年人護理牙齒的謬誤

✗ 謬誤 1	認為牙齒鬆動、脫落是自然現象，防也無用。
✓ 正解	大多數老人牙齒鬆動脫落是因根面齲、牙周病、骨質疏鬆等疾病引起的，只要這些病得到預防和治療，就會延後牙齒脫落的年限。
✗ 謬誤 2	牙齒不怕磨，啃點硬東西沒關係。
✓ 正解	牙齒外層包裹的琺瑯質有限，過度啃硬東西就會被破壞掉；琺瑯質一旦被破壞，深層的象牙質就會暴露，隨之，牙髓神經末梢失去保護，不僅易致象牙質過敏，還會引發齲病等其他嚴重牙病；牙齒磨損嚴重，還會造成牙齒向前移位或臉型改變；會引起耳旁的顳顎關節障礙，表現為吃東西疼痛，張口耳前有雜音，顳頷關節區有壓痛，咀嚼時無力，時有耳鳴、頭痛、偏頭痛，嚴重者嘴巴會張不開。 所以老人的牙齒尤其要避免磨損。不要啃甘蔗，嚼檳榔，吃炒花生、瓜子等。
✗ 謬誤 3	只漱口不刷牙。
✓ 正解	正確刷牙既有牙刷的機械刷洗作用，又有牙膏的化學去污和消毒殺菌作用，可有效防止牙菌斑和牙結石的形成。所以老人應該轉變觀念，認真刷牙。

✗ 謬誤 4	只要堅持刷牙，就沒必要洗牙了。
✓ 正解	刷牙並不能完全代替洗牙。刷牙只能清除一些牙齒表面的軟性污垢，對於隱藏在牙齒深處的污垢很難清除。因此，只有定期洗牙，才能真正去除牙齒上的牙菌斑及牙結石。
✗ 謬誤 5	陳年牙垢沒辦法。
✓ 正解	即使四環素牙的牙體變色也有辦法美化，更何況吸煙、喝茶、喝咖啡等形成的着色性污垢。況且，牙齒美白不僅為了形象，更是牙齒保健和牙病防治的重要措施。
✗ 謬誤 6	掉牙不必補。有些人認為，年紀大了缺幾顆牙是正常的，不必着急修補。
✓ 正解	缺牙會明顯降低咀嚼能力，影響消化和營養吸收，加快鄰牙鬆動脫落。補上假牙可恢復牙齒功能，並穩定鄰近的牙齒，減緩牙齒脫落。
✗ 謬誤 7	無牙不必刷。有些老人認為，如果滿嘴的牙都沒有了，就不必刷牙了。
✓ 正解	刷牙不僅保持牙齒健康，預防齲病，而且對整個口腔乃至全身健康都有重要作用。正常人口腔中藏有數以億計的細菌，刷一次牙，可使細菌減少 70% 左右。老年人由於抵抗力下降，所以更應該注意口腔衛生，防止各種感染性疾病發生。 此外，老年人吞嚥反射和咳嗽反射功能都有所下降，刷牙時，牙刷刺激牙齦、牙槽引起的興奮傳入中樞神經系統，可使中樞神經所支配的吞嚥反射和咳嗽反射功能增強，有助於防止吸入性肺炎。 因此，老年人即使牙齒已完全脫落，也應該堅持用柔軟的牙刷刷洗牙齦、牙槽。

選擇牙刷

應使用柔軟而又有彈性的牙刷，牙刷毛柔軟，容易彎曲，可有效除去軟垢、食物殘渣。牙刷頭小、牙刷毛平齊的牙刷可以刷洗口腔的角角落落。牙刷使用後要徹底洗滌，盡量甩掉刷毛上的水分，然後將刷頭向上置於乾燥通風處，還要注意經常日曬消毒。牙刷使用3個月左右應更換，或兩把牙刷交替使用。

選擇牙膏

牙齒敏感的老年人可以選用脫敏牙膏。實驗證明，含氟牙膏對於老年人的根面齲有預防作用；因此，建議老年人使用含氟牙膏。另外，由於老年人牙齒患病機會大，因此很多老年人喜歡選用藥物牙膏，但藥物牙膏含有藥物成分，不能長期使用，最好在醫生的指導下使用，並定期更換。

不同假牙如何分別維護

老年人缺牙之後都會佩戴假牙。一般來説，假牙的種類大致可分4種：全口假牙、固定假牙、可摘局部假牙、人工種植牙。

1. 全口假牙

全口假牙是黏膜支持式假牙，由基托和人工牙兩部分組成，靠假牙基托與黏膜緊密貼合及邊緣封閉產生的吸附力和大氣壓力固位，吸附在上下牙槽脊上，以恢復患者的面部形態和口腔功能。

從第一次取印模到戴上假牙一般需要就診 4 次。包括取印模、確定咬合關係、試牙、戴牙等步驟。

弊端：穩固性不如帶卡環的假牙，患者在初戴時，會感到不習慣，尤其是下頜假牙，說話、吃飯時易鬆動、脫落。

就全口假牙而言，隨着進食等活動，口腔內會形成一層蛋白質薄膜附着在假牙表面。食物殘渣、口腔內微生物也會依附聚積在這層膜上形成牙菌斑，與鹽化物質結合沉積成牙結石或假牙結石。此外，抽煙、喝茶、咖啡等色素沉積也會導致假牙變色。**因此，要堅持餐後取下假牙，仔細刷洗乾淨，再戴回口中，同時不能忘記用牙刷刷洗口腔。**

----

2. 固定假牙

固定假牙是指利用缺牙間隙一或兩側的天然牙齒作為基牙，製作各種冠套，與所恢復假牙連成一體，通過黏固劑將套冠假牙黏固在基牙上。

固定修復體有冠與橋兩種。

每餐餐後應使用牙刷、牙線牽引器配合牙線進行牙橋下的清潔，如今市面上有一種三合一牙線，又稱「強力牙線」、「超級牙線」，其結構是在牙線的一端有較硬的線頭可作為穿引工具，比之前的牙線牽引器加牙線更為方便；牙縫較大的人可選用齒間刷；沖牙器常用於某些較難刷洗到的特殊部位或術後傷口有食物殘渣堆積時使用。

3. 可摘局部假牙

可摘局部假牙是利用樹脂做基托，靠黏膜、骨組織做支持，靠假牙的固位體和基托固位，可自由取戴的一種修復體，所以稱「活動假牙」。它由基托上的假牙和有彈性的金屬卡環組成，所承受的咀嚼壓力並不完全由兩邊鄰牙來擔負，還由缺牙處的牙齦和牙槽骨來承擔一部分。因此，活動假牙即使在兩端鄰牙並不太堅固的情況下也可裝鑲。

可摘活動假牙包括了可取下的部分和安裝在牙齒上的不可取下的部分。因此，清潔方式要參照全口假牙與固定假牙。戴局部活動假牙後，對口腔清潔工作要更耐心、細心地完成。

- -

4. 人工種植牙

人工種植牙是通過醫學方式，將與人體骨質兼容性高的純鈦金屬經過精密的設計，製造成類似牙根的圓柱體或其他形狀，以外科小手術的方式植入缺牙區的牙槽骨內，經過 3~6 個月後，當人工牙根與牙槽骨密合後，再在人工牙根上製作烤瓷牙冠。它是目前最先進的牙齒缺失修復技術。

在維護上，要選擇刷毛柔軟、末端為圓頭的牙刷和含軟性摩擦劑的牙膏。清刷種植體基樁週圍時，動作要輕柔，避免牙刷直接刺激、損傷其週圍的軟組織。每天用特製的牙線或小棉條清理種植體基樁上的牙垢，防止形成牙結石。清洗基樁時，切忌用硬質工具擦刮。

雖然種植牙牢固性高，可以像天然牙一樣使用，但是，切忌連續食用過硬的食物，以防止金屬過度疲勞而引起不必要的麻煩。少吃含碘、含酸的食物，以防止對鈦種植體表面造成腐蝕。日常生活中要防止種植體受到強烈的碰撞，如有外傷侵害時，應及時找牙醫進行檢查和處理。

戴假牙必須要做的口腔清潔

1. 餐後刷假牙

每餐飯後要取下假牙用牙膏刷乾淨，漱口後再戴上。可以清除假牙上沉積的食物以及牙菌斑，防止假牙變色和牙菌斑鈣化，並防止食物殘留而引起週圍組織炎症。

2. 睡前摘假牙

每晚睡前把假牙摘下浸泡在涼水中，讓口腔內被壓組織和牙齒有休息的機會，同時避免假牙落入氣管或食管，造成生命危險。需注意的是：不要用熱水，熱水會使假牙變形。

3. 適時更換假牙

合適的假牙戴了幾年後，有可能出現假牙鬆動、咬合變低等情況。此時應去醫院及時覆診，修改或更換不合適的假牙。

4. 早晚清潔口腔

即使無牙，也要每天早晚用一個軟毛牙刷來刷洗牙齦、牙槽、舌頭與上顎，以促進組織的血液循環，並有助於清除牙菌斑。舌苔較厚者可用舌苔專用牙刷輕刷舌苔。

牙醫教你護牙技巧

定期拜訪牙醫＝擁有好牙

　　長久以來，人們總是抱着有病才去醫院檢查的想法，根本不會定期去做身體檢查。實際上，這是非常錯誤的做法。定期的口腔檢查是十分必要的。

　　口腔檢查會發現你尚未知曉的口腔疾病，它可能正在慢慢滋生，準備侵襲你的牙齒。發現問題越早，問題越小，治療需要的時間就越短，費用越低。定期的口腔檢查可以將口腔疾病控制或消滅在萌芽狀態。

　　一些口腔常見病都屬慢性病，它們的早期徵狀不明顯，很容易被忽視，因此需要定期檢查，及早進行診斷。一般來説，最好每隔半年或一年進行一次檢查。

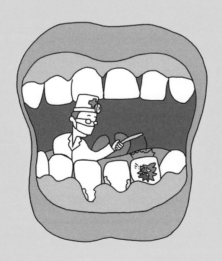

牙齒檢查不容忽視

1. 可及早發現齲病

齲病在波及象牙質深層之前，沒有任何不適徵狀，患者也不易發現，只有在檢查的時候醫生才能發現。等到有了明顯的徵狀再去就診，齲洞已經發展得又深又大，甚至波及牙髓。

---

2. 可杜絕牙周炎的發生

牙齦炎為牙周炎的早期表現，此時牙菌斑和牙結石堆積在牙齦邊緣，牙齦紅腫，刷牙或咬硬物時有出血，但感染尚未波及牙周纖維與骨組織，如果在檢查中發現了這一情況而及時治療，可避免牙齦炎向牙周炎發展。

---

3. 可及早發現口腔隱患

定期給口腔做檢查還可以查出原來的假牙、各種金屬或烤瓷冠、橋或種植牙的狀況以及是否有新的隱患；檢查原來的補牙材料是否有鬆動、脫失；檢查牙齒是否有新的缺損；早期發現口腔腫瘤；及時發現任何可以影響全身健康的口腔問題。

---

4. 可隨時進行口腔諮詢

獲得保健知識，學會正確而有效的自我口腔保健方法，有利於維護口腔健康。

---

5. 可早期發現一些特定的全身性疾病

有很多全身性疾病的早期會在口腔有特殊表現，如壞血病早期會出現牙齦出血；急性白血病患者常因牙齦自發性出血而首先到口腔科就診；鉛、汞中毒的患者牙齦邊緣出現藍黑色線狀色素；麻疹早期在口腔黏膜上會出現麻疹黏膜斑等。

定期進行口腔檢查，是維護口腔健康、促進全身健康的重要措施之一。走進醫院，走近牙醫，也會讓你與健康的距離更近。

牙刷大問題 ▶

選擇正確牙刷

如今，市場上的牙刷各式各樣，有的將刷頭做成凹凸型，有的把刷柄造成流線型。那麼，最健康的牙刷究竟什麼樣呢？

好牙刷標準

1. 牙刷頭盡量要小

要盡量選刷頭較小的牙刷，因為口腔後牙區空間較小，大刷頭牙刷根本無法進入。另外，大刷頭的牙刷似乎能一下刷一個區域的數顆牙，但實際上每顆牙都刷不乾淨。

	兒童	成人
刷頭長度（毫米）	140~150	160~180
刷頭寬度（毫米）	20~24	30~35
毛束高度（毫米）	9~10	11~12
毛束排度（毫米）	2~3	3~4
刷毛直徑（毫米）	< 0.18	< 0.2

2. 波浪型刷面能更好去污

有研究顯示：波浪型刷面能增加去除牙菌斑的效力，有利於牙間隙的清潔。

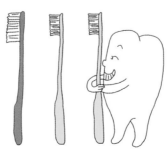

3. 多束刷毛更好

牙刷毛通常呈束狀排列成 3~4 排，建議購買毛束比較多的那一種。多束刷毛能提高清潔效率。此外，選擇頂端球形化的刷毛比較好，可避免平直切割的刷毛對牙齦造成摩擦。

4. 柔軟刷毛更舒服

刷毛太軟，對較厚的牙菌斑不能完全去除，起不到清潔牙齒的作用；刷毛太硬，雖然清潔效果較好，但對牙齒的磨損也較大，刷牙用力過猛時還有損傷牙齦的風險。購買前，用手指壓一下刷毛，如手指有刺痛感則表示太硬，不宜選用。

5. 刷柄與刷頭有一定角度

牙刷手柄應該與手形匹配，目前市場上有直線型手柄和角度型手柄 2 種。臨床研究表明，直線型使用時不好掌握，而且用力也不協調；而角度型更容易到達牙菌斑清除區域。一般來說，刷柄與刷頭的角度以 17°~20° 為宜。

說過了常見常用的普通牙刷，我們來介紹一下適合特殊人群使用的保健牙刷。

形形式式的保健牙刷

1. 電動牙刷

電動牙刷分為 2 種，即普通電動牙刷及聲波顫動牙刷。那麼，是否電動牙刷一定比普通牙刷好呢？其實，只要刷牙方法正確，手動牙刷與普通電動牙刷同樣好用。相對而言，聲波顫動牙刷保健效果更強。它可以通過聲波將牙縫中殘留的食物沖出，清除牙齒縫隙中牙菌斑的效果很好。它有振動、擺動、顫動等各種運動模式，特別適用於兒童、老年人、自理能力差的人和殘疾人。價格也較高。

----

2. U/V 型牙刷

這種牙刷為了適應戴矯治器的患者刷牙，將牙刷刷毛的毛面設計成 V 型或 U 型，使刷毛分跨於托槽和鋼絲的兩側。V 型底部的刷毛短而較堅硬，能有效除去托槽和鋼絲上的牙菌斑，V 型兩側的刷毛較長較軟，用於清潔牙齒和按摩牙齦組織。

----

3. 牙間刷

它是一隻牙籤大小的小毛刷，刷頭呈圓錐形，刷毛比普通刷毛要細，主要是為了刷淨牙齒間隙的牙垢，比牙籤更方便，飯後清潔牙齒效果也好，適於牙縫較大者。

----

4. 三頭牙刷

三個刷頭呈三角形靠在一起，刷牙時可以包住牙齒的三個表面，多個牙面的刷牙動作一次完成。大小適中的三頭刷放到牙齒上正好觸及到牙齦，同時也可以強制性地刷到牙齒的各個地方，節省了刷牙的時間，提高了刷牙效果，適用於兒童。

孩子年齡不同，牙刷也應不同

因幼兒、學齡前及學齡期孩子的手部肌肉發育及牙齒生長情況不同，應根據不同年齡階段，選擇不同的牙刷。

2~4 歲

這時期的孩子常用奶瓶喝奶，最容易發生奶瓶性齲病。由於孩子正處於牙齒發育初期，手掌與口腔也較小，初次刷牙應選擇易於深入口腔的窄小刷頭的牙刷，這種牙刷握柄較粗，適合肌肉未發育完全的孩子掌握。

根據孩子不同的年齡階段選擇不同的牙刷

5~7 歲

當孩子的第一顆恒齒長出後，要特別注意牙齒清潔。家長應為孩子選擇環形刷毛的牙刷，毛刷邊緣要柔軟，能完全包圍每顆牙齒以達到徹底清潔的目的。

7~11 歲

此時兒童處於換牙階段，乳齒與恒齒同時存在，加上齒縫間隙較大，參差不齊，若不特別留意其刷牙習慣，容易出現齲病。因此牙刷應選擇尼龍絲刷毛與尼龍混合設計的刷毛，以便能夠徹底清潔牙面及齒縫。

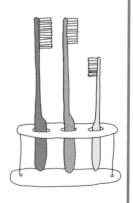

11 歲之後

這時開始逐漸向青春期過渡，總體上來講，使用成人牙刷即可。

牙刷的正確擺放

牙刷含菌多

美國牙科專家曾對用過的牙刷進行檢測，並做了細菌培養，發現很多牙刷上沾染有白色念珠菌、溶血性鏈球菌、肺炎杆菌和葡萄球菌等。

清潔牙刷很重要

口腔和牙齒是人體的門戶，牙刷又天天接觸牙齒和口腔的很多角落，而且，牙刷上往往會有沖洗不掉的牙膏，牙膏中又含有一定的甜味劑，再加之牙具長期放置於較潮濕的洗手間內，這些都為細菌的生長和繁殖提供了良好的環境。

1. **定期更換牙刷。**為防止牙刷上的細菌對人體的危害，普通人應該定期更換牙刷。最低的保障是每 3 個月換一次牙刷，如果條件允許，可以隔月換一次。對於口腔有炎症、身體免疫力比較低，以及做過器官移植手術的人，最好每月都換一把新牙刷；患過傷風感冒病癒之後，最好也更換新的牙刷，以防病毒「捲土重來」。

2. **用完後澈底洗滌。**其實，勤換牙刷並不能做到萬無一失，要知道，新的牙刷僅用了 3~4 週後就會有多種細菌繁殖。這些細菌趁每天刷牙之機，通過直接吞嚥或破損的牙齦黏膜、口咽黏膜不斷地侵入人體，從而引起牙齦炎、慢性咽炎、口腔炎以及腸炎、膿毒血症、敗血症、風濕性心肌炎和腎炎等疾病。

所以每次用完牙刷後要徹底洗滌，並將水分盡量甩去，將牙刷頭朝上放在漱口杯裏，放在通風有日光的地方，使它乾燥而殺菌。

3. **對牙刷進行經常性的清潔消毒。**如用雙氧水浸泡 4~5 小時，或將牙刷浸泡於 0.1%~0.5% 的過氧乙酸消毒液中。但應注意，消毒後、使用前要把牙刷上的藥液徹底清洗乾淨。

4. **可同時購買 2~3 把牙刷輪換使用，**使牙刷的乾燥時間延長。這對患有牙齦炎和牙周炎的人來說尤其重要。另外，輪換使用也能保持牙刷毛的彈性。

5. 刷毛已散開或者捲曲、失去彈性的舊牙刷，必須**及時更換**，否則對牙齒和牙齦不利。

6. 牙刷更**不能混用**，以免傳染疾病。

選對牙膏

牙醫告訴你

好的牙膏應該具有較好的清潔性，起泡性要強，利用泡沫的表面活性使牙膏盡量均勻地擴散，去除污垢；氣味要芳香，令人有清涼、爽快的感覺，並且具備預防齲病和牙周炎的作用。

　　牙膏是日常清潔口腔的重要物品。如果選得好，可以清潔和拋光牙面，去除牙菌斑，還可以預防齲病、牙結石、牙齦炎和牙齒過敏等各種口腔疾病；如果選不好，不但難以達到預期效果，而且會對牙齒造成傷害。

普通牙膏　主要成分包括：摩擦劑、潔淨劑、潤濕劑、防腐劑、膠黏劑、芳香劑。牙齒健康情況較好者，選擇普通牙膏即可。

藥物牙膏　殺菌能力強，長期使用不僅會使口腔中的致病菌產生抗藥性，而且在抑制、殺滅致病菌的同時，也會抑制、殺滅口腔中的正常菌群，使口腔「生態平衡」遭到破壞，引起新的口腔疾病和新的感染。

1. 含氟牙膏

醫學研究證明，氟可以減少和預防齲病的發生。可堅固牙齒，減少牙菌斑在牙齒表面的附着，減少細菌產生。當牙齒發生齲病時，可抑制齲病的發展進程。

2. 脫敏藥物牙膏

主要加入氯化鍶和硝酸鉀，對降低象牙質過敏有作用。鉀作用於感覺神經細胞，抑制神經傳送疼痛信號；氯化鍶阻塞象牙質小管，緩解疼痛。它能降低牙體硬組織的滲透性，提高牙組織的緩衝作用，增強牙周組織的防病能力，達到脫敏效果。防酸牙膏、脫敏牙膏均屬此類。

3. 中草藥牙膏

在配方中加入了多種中草藥成分，以達到對某種疾病預防和輔助治療的效果。比如防感冒牙膏，加入了貫仲、紫蘇、柴胡、魚腥草、白芷等藥物，常用此類牙膏對預防感冒有一定效果，同時對鼻炎、頭痛也有一定的療效。

　　牙膏的品種也要經常更換，如果長期使用一種藥物牙膏，容易造成口腔菌群失去平衡，更易引發齲病。

　　攝入氟過多會給人體健康帶來不利影響。含氟牙膏雖然好處多，但 3 歲以內兒童最好不用，6 歲以內兒童要在家長指導下慎用，防止孩子將漱口水和牙膏一起吞下去，對身體造成危害。兒童使用牙膏時用量應減少，約為黃豆大小或擠出牙膏的 5mm（0.5g）。

　　最後要提醒大家，任何牙膏，包括藥物牙膏，對口腔疾病只能起到預防和輔助治療作用。如果已經出現了口腔疾病的徵狀，首先要做的還是及時去醫院請醫生檢查治療。

　　刷牙看似簡單，實則大有學問。錯誤的刷牙方法不僅對牙齒起不到清潔作用，而且還會傷害牙齒。

　　竪刷法：將牙刷毛束尖端放在牙齦和牙冠交界處，順着牙齒的方向稍微加壓，刷上牙時向下刷，刷下牙時向上刷，牙的內外面和咬合面都要刷到。在同一部位要反覆刷數次。這種方法可以有效消除牙菌斑及軟垢，並能刺激牙齦，使牙齦外形保持正常。

　　顫動法：刷毛端指向牙齦溝，與牙長軸呈 45°，輕度加壓使刷毛端進入牙齦溝，以短距離水平拂刷顫動牙刷，至少顫動 4~5 次。當刷咬合面時，刷毛應平放在牙面上，做前後短距離的顫動。這種方法雖然也是橫刷，但是由於是短距離的橫刷，基本上是在原來的位置做水平顫動，同大幅度的橫向刷牙相比，不會損傷牙齒頸部，也不容易損傷到牙齦。

　　生理刷牙法：牙刷毛頂端與牙面接觸，然後向牙齦方向輕輕刷。這種方法如同食物經過牙齦一樣起輕微刺激作用，可促進牙齦血液循環，有利於牙周組織保持健康。

　　旋轉刷牙：刷唇頰面和後牙舌顎面的時候，將刷毛與牙的長軸平行，貼向牙面，刷毛方向指向齦緣，略加壓力扭轉牙刷，使刷毛與長軸成 45° 角，轉動牙刷，即刷上牙時刷毛順着牙間隙向下刷，刷下牙時從下往上刷。使用這種刷法要注意動作稍慢一些，帶一點顫動，每一個部位要反覆 5~6 次。

　　圓弧劃圈法：將牙刷毛做較快、較寬的圓弧動作，在牙面上順時針或逆時針旋轉劃圈，這種方法便於掌握，適合小孩剛學刷牙時使用，但鄰面的清潔效果差。

竪刷法

生理刷牙法

旋轉刷牙

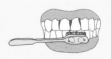
圓弧劃圈法

牙醫告訴你

如果睡前你真的餓得受不了，那麼可以選擇喝杯熱牛奶，但是別忘了刷牙。需要提醒的是，食管炎患者不宜睡前喝牛奶。

對刷牙後進食說：不！

殘留的食物留在口腔中，對牙齒和口腔都是沒好處的。天長日久，會引起多種口腔疾病，而且牙菌斑還會在牙齒上產生厚厚的牙垢，讓牙齒變得黃黃的。

人在睡眠過程中，唾液的分泌量會減少，如果刷牙之後再吃東西，在整個晚上唾液量很少的情況下，口腔的殺菌作用將會大大減弱，而後果就是第二天起床時，不僅口腔有濃重的味道，長期下去，齲病、牙周炎、牙齦炎等口腔疾病都會找上門來。

睡眠狀態中，人體各器官都降低了工作效能，消化器官自然也一樣。如果你在睡前吃東西，就會加重胃部負擔，容易引起慢性胃病。

刷牙時間

最新研究表明，科學刷牙時間應為 2 分鐘。科學家對 12 人進行了為期 4 週的研究，這些人採取 16 種不同的刷牙方式，刷牙時間為 30 秒至 3 分鐘。結果表明，牙垢隨着刷牙的時間和力度的增加而減少，但當刷牙時間超過 2 分鐘時，牙垢不再相應減少。研究認為，刷牙時間過長，用力過大，並不會使牙齒更乾淨，相反會增加牙齒保護膜遭損的可能性。

牙線少不了 ▶

牙線比牙刷更能預防牙科疾病

　　每個牙齒都有 5 個面，通常刷牙只能將其中的 3 個面徹底清潔，即只能去除約 70% 的牙菌斑，而牙齒間的污垢則很難清除乾淨。也就是說，藏在牙縫凹隙的病菌及牙齒鄰面間隙的牙菌斑、牙垢，刷牙是刷不到的。事實上，這些部位正是細菌累積和牙病最容易發生的地方。

　　尤其是那些牙齒排列不整齊的人，牙齒擁擠重疊，單靠刷牙不能完全清除口腔內細菌及進食時嵌在牙縫間的殘餘物。若不及時處理，久而久之就會產生各種口腔問題。

　　無數經驗證明，只有牙線能勝任並充當這一領域的「清道夫」，它能方便地到達刷牙、漱口及剔牙都難以到達的狹窄牙縫，能有效去除牙縫間的食物殘渣、牙菌斑及軟牙垢，徹底清潔牙齒，而且不傷牙齦，安全可靠。

　　所以我們建議，除了基本的刷牙習慣外，也要經常使用牙線。牙線多用尼龍、滌綸或絲線製成，口腔科專用線一般塗有蠟，有些還塗有芳香劑和氟化物。牙線大多是扁形的，不宜太粗或太細。

牙醫告訴你

有人擔心牙線在牙縫裏進出，會導致牙齒鬆動。這種顧慮是多餘的。首先，正常牙齒間的縫隙足以使牙線通過；另外，使用牙線還可刺激牙齒週圍的牙齦，增加牙齦的血液循環，達到預防或減少牙科疾病的作用；再者，現今的牙線採用了新技術、新材料、新工藝，堅韌柔順，適應性強，安全性好。

牙線的使用方法

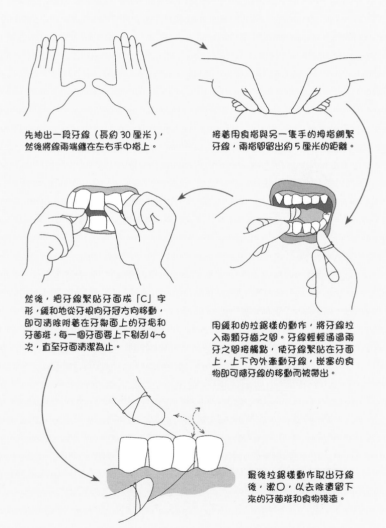

先抽出一段牙線（長約30厘米），然後將線兩端纏在左右手中指上。

接着用食指與另一隻手的拇指繃緊牙線，兩指間留出約5厘米的距離。

然後，把牙線緊貼牙面成「C」字形，緩和地從牙根向牙冠方向移動，即可清除附着在牙鄰面上的牙垢和牙菌斑，每一個牙面要上下剔刮4~6次，直至牙面清潔為止。

用緩和的拉鋸樣的動作，將牙線拉入兩顆牙齒之間。牙線輕輕通過兩牙之間接觸點，使牙線緊貼在牙面上，上下內外牽動牙線，嵌塞的食物即可隨牙線的移動而被帶出。

最後拉鋸樣動作取出牙線後，漱口，以去除遺留下來的牙菌斑和食物殘渣。

正確漱口

漱口水隨時隨處都可以清潔口腔，拒絕食物殘渣對牙齒的侵蝕。能直接作用於患病處，有良好的滲透性，在治療口腔疾病的同時，也能清除口臭。

漱口水主要成分：香精、表面活性劑、氟化物、氯化物、酒精和水等。有濃、淡兩種類型，濃的以水稀釋後使用，淡的可直接漱口。

進食蔥、蒜等味重的食物後，使用漱口水可馬上口齒清新；旅行途中，遇到不方便刷牙的時候，煩惱一漱了之；漱口水還是牙齒脫落的老年人、不會刷牙的孩子以及不能忍受刷牙的牙病患者口腔衛生保障的最佳選擇。

使用注意

- 不可代替常規刷牙，嚴重口腔異味者必須就醫。
- 不可吞服，會對腸胃產生不良刺激。
- 可以用清水再漱掉，如果喜歡漱口水的味道，也可不漱。
- 分為含漱劑和漱口劑 2 種。含漱劑還兼漱嗓子，配方更安全。建議抽煙、喝酒的人士選擇。
- 每日給小孩使用含氟化鈉的漱口水並配合使用氟化鈉牙膏可提高牙齒抗酸力，具有預防齲病的效果。

牙醫告訴你

漱口水嚴格區分處方及非處方之分。在市場上買到的均屬非處方漱口水，沒有治療口腔疾病（如牙齦炎、牙周炎、口臭等）的作用。

標有「在醫生指導下使用」字樣的漱口水，不可在日常使用。

藥物配方的漱口水使用前請教醫生。

另外，漱口絕對不可以代替刷牙！要知道，漱口對牙齒只能起到輔助清潔作用，想要徹底去除牙菌斑或牙結石只能通過刷牙甚至洗牙的方式。

正確漱口法

時間	最好在飯後立刻進行。尤其在吃過甜食之後要立刻漱口,因為只有這樣,才能有效地把食物殘渣從牙齒表面以及牙縫之間沖洗出來。當然,睡前漱口也必不可少,即使你已經刷了牙,漱口也是很必要的。	
方法	把水含在口中,閉上嘴巴,上下稍微張開,快速、連續地鼓動兩腮和口唇部,使漱口水與牙齒、口腔週圍充分接觸,並利用其衝擊力反覆沖刷牙齒。	
次數	先要糾正一個謬誤,很多人覺得漱口次數越多越好,其實這是不正確的。口腔中不僅存在有害細菌,也存在有益菌,漱口次數過多會把有益菌帶走。而且,漱口太勤會損耗口腔中的津液,時間長了,讓人產生口乾舌燥的感覺。	
種類	溫水	口腔若是沒什麼疾病,用溫溫的清水漱口就好了。
	鹽水	溫開水中加入適量的鹽,濃度以能感到鹹味為宜,搖勻杯中的水,使鹽充分溶化,然後再用這杯淡鹽水漱口,不僅可以清潔食物殘渣,還能消炎除菌。
	茶葉水	茶葉中含有防齲的氟,尤其是綠茶中氟的含量更高。
	專業漱口水	前文已經講述過,一般情況下對牙齒的幫助是很大的。

洗牙的好處

在發達國家，洗牙已成為很普及的常規口腔保健項目，人們每年1~2次定期找自己的牙醫洗牙。洗牙時，如果發現牙周病，牙醫會及時進行口腔專業治療，以保持口腔健康。

洗牙是一種專業性很強的技術工作，一般可以分為2種，一種是手動器械洗牙，需3個小時左右，另一種是超聲波洗牙，需要1個小時左右。目前大多是超聲波潔牙，即利用超聲波的震蕩將牙結石給震下來，並磨光牙齒牙面，以去除牙結石對牙齒及牙周組織的損害。

説過了洗牙的醫用功能，也不能忽視它的美容功能，雖然它的本職工作不是為牙齒做美容，但是它可以去除牙齒上由於長期喝咖啡、吸煙、喝茶留下來的難看痕迹，還牙齒潔白本色。

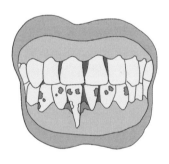

清潔口喉，使口氣更清新，洗掉牙菌斑和各種頑漬，拋光牙齒，讓牙齒更潔白，洗掉牙結石，預防牙齦炎、牙周病和各種口喉疾病，及早發現一些早期還沒有出現自覺徵狀的問題。

洗牙不僅能去掉肉眼可見的牙結石、色素等，更能去除肉眼看不見的對牙周有不良作用的細菌，並在洗牙的同時發現一些牙齒問題。

因此，成年人如果從未洗過牙，應儘早找牙醫做一次潔治，而且最好半年做一次。如果是牙周炎患者，可以縮短到3個月一次。通過洗牙可以減輕牙齦炎、牙周炎的炎徵狀況。

當然，單純靠洗牙是不能治癒牙周病的，還應該在洗牙之後進行進一步的診斷和口腔專業治療。

牙菌斑

牙齦具有特殊的組織結構。牙齦的邊緣，與牙面之間不是緊密附着，而是存在一條 0.5~3 毫米深的淺溝，稱為「牙齦溝」。牙齦溝內易積存食物碎屑，易附着牙菌斑，因此成為厭氧菌生長繁殖的「良好溫床」；由於其呈封閉狀態，不易清潔，常導致牙周炎症的發生。此外，牙齒鄰接點下方也是難以徹底清潔的區域，僅靠刷牙並不能完全清除異物，容易成為引發牙周疾病的隱患。

通常來說，牙齒在徹底清潔後的半小時內即會有新的牙菌斑形成，在形成的第 2~14 天內即開始發生礦化過程，久而久之即成為牙結石，引起牙齦炎、牙周炎、出血、口臭，最終引起牙齒鬆動，甚至脫落。

洗牙對牙齒沒有傷害

有些人洗完牙後牙齒可能會有異樣或過敏的感覺，這是屬於正常現象。

由於牙結石一旦被洗掉，牙齒暴露在「久違」的環境裏，就會產生種種異樣的感覺。如果是健康的牙齒，一段時間後，異樣感會消失。如果牙縫大了，說明本身就有牙周病，而且牙齦萎縮了，去除牙結石後給人以牙縫增寬的錯覺，但這不是洗牙造成的，而是牙周病本身的原因。如不及時除去牙結石，牙齦會進一步萎縮，反而會導致牙齒鬆動。

正規潔牙過程中，潔牙只會在砝瑯質表面形成極細微的劃痕，經過拋光後，這種小劃痕幾乎沒有了，因此，洗牙對牙齒是沒有傷害的。

慎重洗牙

雖然洗牙可以讓牙齒變得健康漂亮，但是對特殊人群不能隨便洗牙。

1. **患有各種出血性疾病的人**，如血小板減少症患者、白血病患者、未控制的糖尿病患者、未控制的甲狀腺功能亢進患者等，應該預先適量應用促凝血藥物，控制凝血速度，以免洗牙時出血不止。

---

2. **患有某些急性傳染病的患者**，如急性肝炎活動期、結核病患者等，應暫不洗牙，避免將疾病傳染他人。

---

3. **口腔局部軟硬組織炎症處於急性期的患者**，應該等急性期過後再洗牙，以免炎症沿着血液播散。

---

4. **患有牙齦部惡性腫瘤的患者**，以避免腫瘤擴散。

---

5. **患有活動性心絞痛、半年內發作過的心肌梗塞以及未能有效控制的高血壓和心力衰竭等患者**，不宜接受常規洗牙治療。

---

6. **孕婦**，尤其是懷孕的前 3 個月和後 3 個月最好不要洗牙。

   處於上述情況的患者如果想洗牙，則必須慎重選擇洗牙時間，等全身徵狀穩定後，去醫院找經驗豐富的專業醫務人員洗牙。

沖牙器：給牙齒洗個澡

　　沖牙器是一種新型的口腔清潔器具，在歐洲和美國，是不少家庭必備的衛生用品。

　　沖牙器的高壓脈衝水流產生的衝擊是一種柔性的刺激，不但不會弄傷口腔的任何部位，還有按摩牙齦的作用；能促進牙齦的血液循環，增強局部組織的抗病力，同時還能消除口臭。

　　要使沖牙器充分發揮護牙作用，最好每次吃完飯後都能拿它沖一遍牙齒，養成另一種「漱口」的習慣。

　　牙刷簡單方便，對夠得着的牙面有很好的清潔效果。牙線對緊夾在牙縫的異物及部分牙齦溝清理有很好的作用。沖牙器的高速水流有其獨特的清潔保健功能並且用法簡單。因此，三種清潔方法各有特點，最好的牙齒口腔保健效果是將這些方法進行組合使用。例如，睡前和起床後刷牙，三頓飯後沖牙，定期使用牙線，找牙醫治療已有的牙齒口腔疾病，定期找牙醫潔牙，這樣擁有健康和衛生的口腔就不再難了。

定期口腔清潔，讓牙齒遠離疾病。

沖牙器

　　從原理上講，壓力水流是最理想的口腔清潔方式。據美國有關機構研究，沖牙器通過泵體對水加壓，可以產生每分鐘 1200 次的超細高壓脈衝水柱，設計精巧的噴嘴可以使這種高壓脈衝水柱毫無障礙地沖刷到口腔任何部位，包括牙刷、牙線不易清潔的牙縫和牙齦深處。用餐後只要沖洗 1~3 分鐘，就能將牙縫裏的食物殘渣、碎屑沖洗得乾乾淨淨。

1. 刷牙時用力過猛

刷牙時用力過猛會造成牙齒表層琺瑯質與象牙質過分磨耗，導致牙齒過敏、牙髓暴露，甚至損傷牙齦，使牙根暴露。

2. 經常咬過硬食物

牙齒內存在一些縱貫牙體的發育溝、融合線，咀嚼硬物後，然後這些薄弱部位容易裂開。

3. 把牙齒當成萬能工具

經常用牙齒開瓶蓋，咬包裝袋等，容易導致牙齒折斷、移位。

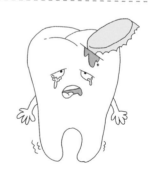

4. 經常只用一側咀嚼

經常偏側咀嚼會造成肌肉關節及頜骨發育不平衡，輕者影響美觀，重者可造成單側牙齒的過度磨耗及頜關節的功能紊亂。

5. 經常把牙咬得「咯嘣」響

經常如此會使牙齒過度磨耗，容易出現牙折等徵狀。

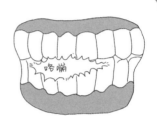

6. 隨意服藥

孕婦懷孕4月後或者小孩7歲前服用四環素類藥物的話，藥物會與象牙質結合，使牙齒顏色變黑，嚴重時會阻礙牙體組織發育，造成牙齒表面缺損。

7. 經常用牙籤剔牙

牙籤會使柔軟的牙齦不斷退縮，長期下去，牙根將會逐漸暴露，造成牙齒敏感，同時也增加了患齲病和牙周炎的機會。

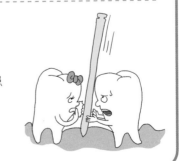

不要只使用一側牙齒 ▶

危害

如果經常只使用一側牙齒，就會發生兩側頜面發育不對稱。經常不用的一側頜骨及面部肌肉就會發育不良，咀嚼肌及頜骨也會萎縮，進而形成該側面部瘦小、塌陷，醫學上稱為「廢用性萎縮」。而經常使用的一側頜骨及面部的肌肉則會過度發達，形成功能性肥大。這樣，面容就會一側肥大，一側萎縮，明顯不對稱。

面部發育不平衡會直接導致大腦左右半球發育不平衡。而左右腦是各自分工、共同合作的，不同的大腦掌握着不一樣的功能，如果左右腦不能平衡發展了，那又怎麼進行學習生活呢？若是左右腦發展嚴重不均衡，還會出現極端行為。除此之外，如果經常偏側咀嚼，那麼左右兩側咀嚼肌的力量不平衡，極易引起下頜關節病變。

平時吃東西時，食物會在牙面上不斷地摩擦，唾液也會持續地沖洗牙齒，這在醫學上稱為「自潔作用」。如果常常使用一面牙齒，這面的牙齒就會因為這種作用而有很好的自潔能力，相反總不用到的牙齒由於長期不咀嚼，就失去了這種自潔作用，導致牙齒上容易堆集牙垢、牙結石，日久就會發生齲病及牙齦炎。

原因

形成偏側咀嚼的原因很多，除習慣性以外，更多的是因牙病引起，如缺牙、齲病、錯合、牙周病等。

對策

首先應積極治療各種牙齒疾病，缺失的牙齒應及時鑲配，患齲病的牙齒要趕緊補上，錯位牙應及時矯治，只有及時對這些疾病進行治療，才能防止養成偏嚼的不良習慣。而對於已經形成偏嚼的人，要查出形成偏嚼的原因，對症下藥，然後再慢慢練習雙側咀嚼。

牙醫告訴你

也許有的人會說，自己已經因為偏側咀嚼形成了顏面不對稱，該怎麼辦呢？還會不會繼續發展下去？事實上，當偏嚼消除後，顏面左右不對稱的發育畸形即可停止發展。兒童自製能力差，較易發生偏嚼，因此對已形成偏嚼習慣的兒童，應耐心教育，進行糾正，幫助其恢復雙側咀嚼功能。

缺牙一定要及時修補 ▶

　　如果因為種種原因造成牙齒缺失，你是立即去醫院鑲牙，還是聽之任之呢？年輕人出於愛美之心，通常會及時進行補牙，但老年人卻覺得人老掉牙是自然現象，而且鑲牙太麻煩，不如等牙齒掉光之後安副假牙。

　　其實這是錯誤的想法。牙齒就如眼睛一樣寶貴，每一顆都是不可或缺的。如門牙可切割、撕裂食物；後牙可以磨碎食物；犬齒可支持頜骨和面部的軟、硬組織，保持面下部豐滿，促進食物的咀嚼與消化，增進人體的健康。口腔內的牙齒就像緊密作戰的兄弟，缺少任何一顆都會影響口腔功能的完整性，對身體健康也會帶來不同程度的影響。

牙齒缺失的危害

　　使咀嚼功能減退或喪失。食物被咀嚼也對口腔起到刺激作用，引起神經反射，一方面促進胃液分泌，幫助消化；另一方面促進胃腸蠕動，加快吸收。當個別牙齒缺失或牙列缺失後，咀嚼功能就會減退或喪失，消化液分泌也會減少，胃腸蠕動隨之減慢，未嚼碎的食物進入胃腸，勢必會加重胃腸系統的負擔。久而久之，將導致胃腸功能紊亂，影響人體對營養物質的吸收，嚴重者還會造成消化系統疾病。

影響臉型和美觀

臉型的美觀與協調，是由完整的牙列來維持的，人只要缺一個門牙，甚至門牙缺一個切角都會影響臉型，全口牙缺失對臉型的影響自然就更為明顯。與人談笑時，牙齒缺失會嚴重影響個人形象和社交活動。

此外，全口牙缺失後，上、下頜骨失去了牙齒的支持，牙槽骨及整個頜骨因缺乏正常咀嚼力量的刺激，將會逐漸退變、吸收，最終造成面下部高度變短，面頰部和週圍肌肉鬆弛，唇、頰部內陷，口角下垂，面部皺紋增多，令人顯得蒼老。

牙齒缺失，尤其是前門牙的缺失，會影響一個人的形象。

影響發音功能

牙齒是發音的輔助器官，牙齒與舌、唇、頰肌相互配合，控制氣流經過口腔的路線和流量，幫助人發出不同的聲音，構成不同的語句，表達各種意願和思想。如果個別後牙缺失，對發音影響不大，當缺牙較多時，特別是門牙缺失或全部牙齒缺失時，則可造成不同程度的發音障礙。因為牙齒缺失後，舌尖失去了原有發音的定位標志，同時，氣流經過的路線中少了一道控制關口，因此會出現發音不清楚，不準確，甚至發音失真的現象。

小姐，請問屁股（蘋果）多少錢？

因牙齒缺失造成發音不準確的尷尬……

對餘留牙有很大的影響

牙齒承受的咀嚼力是有一定限度的，當個別牙齒缺失後，咀嚼力集中在餘留牙上，由於咀嚼力超過了餘留牙的承受限度，易使餘留牙造成創傷而產生牙周膜水腫、牙齦萎縮、牙槽骨吸收、牙齒鬆動等牙周疾病。如果長時間沒有鑲牙，會導致其相鄰的真牙向這個缺牙空隙內傾斜、移位，而且缺牙空隙相對應的牙齒將因無對抗力量而逐漸伸長，咬合關係和牙齒排列出現錯亂。同時還會致使餘留牙失去正常的鄰接關係，從而造成食物嵌塞。

對下頜關節的影響

當牙齒缺失較多時，剩餘牙齒會傾斜、移位，或向對側伸長，使咬合關係紊亂，阻礙下頜骨向前伸或左右運動。

有些人因一側缺牙，便用另一側咀嚼，形成偏側咀嚼習慣，肌肉因而出現張力不平衡。長此下去，肌肉、關節都會受到影響，最後發展為咀嚼食物時，自覺關節疼痛，張不開口，甚至出現關節彈響等徵狀，臨床上稱為顳下頜關節紊亂綜合症。

因此，無論何種原因造成的缺失牙，也不論缺失牙齒數目的多少，均應及時鑲配假牙，以便恢復牙列的完整性，有利於恢復咀嚼、發音功能及美觀，維持餘留牙牙槽骨和其他口腔組織的健康。

目門牙齒修復主要分為 2 種類型：一種為固定修復，適合缺牙數目少，遺留牙條件好的人；第二種則是活動修復，適用於缺牙數目多，遺留牙條件差的人。

戴假牙都有一個適應期，一般情況下，最初戴假牙的患者需要 1~2 週才能適應，對於敏感者而言，可能需要較長時間才能適應。所以我們建議，首先要從心理上去接受假牙；其次，要仔細分析不適徵狀，及時去醫院覆診，對假牙進行調整、修改，直到完全適應為止。

假牙——讓人歡喜讓人憂！

牙籤剔牙害處多

如果想對自己的牙齒負責，就請摒棄使用牙籤的習慣。

牙籤剔牙壞處

1. 銳利的牙籤很容易傷到嬌嫩的牙齦，引發牙齦炎。
2. 引起牙齒鬆動和脫落。用牙籤剔牙時會經常觸碰到牙齦，久而久之，易導致牙齦萎縮、牙根暴露。而牙齦萎縮會使牙根之間的縫隙變大，這樣食物殘渣就會進入，而殘渣越多，剔牙就越勤，這樣惡性循環，終會致牙齒鬆動或脫落。
3. 導致牙痛。經常剔牙會使砝瑯質受到磨損，會對冷、熱、酸、甜敏感，並很容易引起牙痛。
4. 消毒不嚴、管理不善的牙籤易引起疾病。公共場合任人抓取的牙籤上容易附帶各種細菌、病毒，它們會利用剔牙的機會進入人體內。據檢驗，一根小小的牙籤上竟有幾萬個細菌。
5. 導致牙周疾病。當牙籤用力壓入牙間乳頭區，使本來沒有間隙的牙齒間隙增大，造成牙周病。
6. 叼含牙籤不慎可能危及生命。曾有報道，消費者因叼含牙籤不小心吞進肚內，把小腸穿破，經醫生緊急手術才從體內取出，險些因為一根小小的牙籤丟了性命。
7. 使用木製牙籤造成木材消耗巨大。

如果有人説，吃完東西後，牙縫裏塞有食物既不舒服又不衛生，該怎麼辦呢？醫生的推薦是：使用牙線。

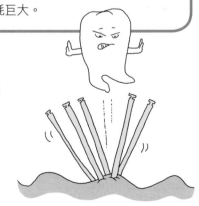

吸煙損牙齒

吸煙對肺不好，對牙齒也有很大的損害。

新西蘭專家對 1000 名年輕人進行了長期調查後發現，吸煙時間越長的人，牙齦萎縮的狀況就越嚴重；從 21 歲開始吸煙的人比不吸煙的人患有牙病的概率多 2 倍，從 15 歲開始吸煙的人要多 3 倍。

抽煙令牙齒鬆動

德國《醫學雜誌》報道，從年輕時就開始抽煙的人患牙病的概率比不抽煙的人要多 3 倍，他們通常會患牙齦萎縮、牙周炎和牙齒鬆動等疾病。

吸煙對牙齒的危害

吸煙會引發肺部不適，常導致咳嗽。

吸煙可造成牙齦紅腫、牙周袋形成、口臭、牙槽骨吸收、牙根暴露、牙齒鬆動等慢性炎症。

含有大量有害化學產物的煙霧通過口腔吸入肺內，高溫和化學產物的長期刺激，會在牙面上形成棕色柏油樣沉積物，可導致牙菌斑的形成、牙結石的堆積。

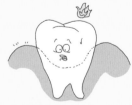

吸煙還可抑制免疫功能，使口腔抵抗力降低，促使牙周病發生，並加重牙周病變。

口腔癌患者九成是吸煙者

白斑是一種癌前病變狀態，多位於舌背、牙齦、唇、舌腹、口角區等，正是人們習慣銜煙的部位。如果不及時治療，有 4%~7% 可轉變為口腔癌。據統計，口腔白斑患者中，有 93.1% 是吸煙者，停止吸煙 3 個月後絕大多數白斑即可消失。而口腔癌患者中，90% 以上是吸煙者。

由於吸煙對牙周組織的破壞加重，因而吸煙狀況可作為評估個體牙周炎危險度的一個關鍵指標。

吸煙抑制成纖維細胞（成纖維細胞是疏鬆結締組織的主要細胞成分）的生長，並不易附着於根面，影響創口癒合；還抑制成骨細胞（骨形成的主要功能細胞，負責骨基質的合成、分泌和礦化），導致骨質疏鬆和骨吸收，這些都是導致牙周病發生的危險因素，而牙周病又是牙齒鬆動和缺失的主要原因。

吸煙可能「熏」出口腔癌

吸煙產生的煙霧溫度非常高，還會產生微量的放射性輻射，這使口腔黏膜上皮細胞異常增生，導致黏膜角質層逐漸增厚，部分人可誘發黏膜白斑。

另一方面，吸煙時產生的煙焦油會溶於唾液。唾液中本來含有一些保護身體、抵抗癌症的抗氧化成分，但混入煙焦油後，不僅使唾液失去對人體的保護作用，還會使唾液帶有「毒性」，成為摧毀正常細胞的殺手。

牙醫告訴你

吸煙者一定要注意觀察口腔異常變化，如果口腔黏膜出現局部顏色發白，界限清楚，用舌頭舔時感覺稍高於黏膜表面，有粗糙感，要高度警惕發生黏膜白斑的可能。尤其要注意，患處黏膜突起並迅速增長，伴有潰瘍、糜爛和疼痛等徵狀時，不能排除癌變的可能。

香口膠的神奇作用 ▶

香口膠是常見的食品，分為板式香口膠、泡泡糖和糖衣香口膠3種，木糖醇香口膠是板式香口膠的一種，都是以天然樹膠或甘油樹脂為膠體的基礎，加入糖漿、薄荷等調和壓製而成。

神奇作用

香口膠可以清潔牙齒，刺激唾液分泌，增加唾液的流速和分佈，有助於預防齲病。另外，唾液裏的抗菌和免疫成分可以對一些有害細菌進行殺滅，增加口腔黏膜和牙齒對這些有害菌的抵抗能力。咀嚼無糖香口膠還能促進牙齒再鈣化。經研究證明，進食後咀嚼無糖香口膠20分鐘，能減少高達40%的齲病。

嚼香口膠還可以清新口氣，消除口臭。約會或是面試前，嚼嚼薄荷味的香口膠，保持口氣清新，能給對方一個好印象。

嚼香口膠還有放鬆心情的作用。

嚼香口膠可以減少吸煙。美國一項實驗證明，咀嚼香口膠有助於人們控制煙癮。不嚼香口膠的吸煙者的煙癮往往比較明顯，煙癮發作的徵狀也比較劇烈。因此，決心戒煙的人士不妨試試多嚼嚼香口膠。

同時，人們通過反覆咀嚼鍛煉了咀嚼肌和咬合力，增加了面部血液循環，會使皮膚更有光澤。

嚼香口膠克服緊張

研究顯示，咀嚼香口膠可引起腦電波增強，會使情緒得到放鬆。在美國的一項調查中，56%的被調查者同意「咀嚼香口膠幫助我克服日常緊張情緒」。比賽時，能看到運動場上的運動員們總是不停地嚼着香口膠，可能正是借助嚼香口膠放鬆比賽帶來的緊張心情吧！

注意事項

- 糖尿病患者對糖的耐受程度不高,應該選擇低糖或無糖的香口膠。
- 空腹時最好不要嚼香口膠,容易引起頭暈、噁心等不良反應。
- 使用含汞材料補過牙的人最好不要嚼香口膠。因為經常嚼香口膠會損壞口腔中用於補牙的物質。
- 有胃病的人也不宜過多地嚼香口膠。因為長時間咀嚼會反射性地分泌大量胃酸,有可能會引起噁心、反酸和食慾不振等徵狀,會使有胃病的人病情加重,甚至引發胃潰瘍。
- 此外,青少年在身體發育期過量咀嚼香口膠,可能會使咬肌過度鍛煉,刺激下頜角的肌肉和骨骼發育,形成「方形國字臉」,影響女性的臉型。因此,咀嚼香口膠的時間不要超過 15 分鐘。

日常生活中，吃對食物不僅對身體有好處，往往會起到保護牙齒的作用！

芹菜

作用：清潔牙齒表面。

芹菜是天然牙刷，當你大口嚼着芹菜時，它正幫你的牙齒進行一次大掃除。芹菜中含有的粗纖維不僅能夠刺激腸胃蠕動，促進排便，還能像掃把一樣，掃掉一部分牙齒上的食物殘渣。因為在咀嚼時，粗纖維通過對牙面的機械性摩擦清洗，可以擦去黏附在牙齒表面的細菌，而且你越費勁咀嚼就越能刺激唾液腺分泌。唾液可以平衡口腔內的酸鹼值，既能達到自然抗菌的效果，又能減少牙菌斑的形成。

芹菜的做法比較簡單，既可熱炒又可涼拌。可將芹菜切成手指大小的條狀，放到開水鍋中煮熟，放涼後嚼一嚼，可以幫助按摩牙齦。

芝士

作用：修復牙齒損傷。

鈣攝取不足，不但會引起骨質疏鬆，還會損害牙齒健康，所以每天要從各種天然食物裏補充鈣。芝士的鈣含量豐富，經常食用除了可使牙齒堅固之外，還能發揮其他保護作用。

此外，芝士還可以刺激唾液分泌，平衡口腔內的酸性環境，抑制

芝士可阻止牙菌斑形成

研究表明，芝士除了含有豐富的鈣、磷等牙齒必需的營養物質，還含有獨特的酪蛋白，酪蛋白能有效阻止牙菌斑的形成，修復牙齒損傷。

細菌生長，堅固牙齒。因此，芝士堪稱牙齒健康的「夢之食品」。

　　為此，澳洲牙科學會特別推薦，芝士為預防齲病的第一首選食物，父母應讓兒童多吃芝士，少吃糖果。營養學家通過研究表明，一個成年人常吃芝士，可實現人老牙不老的夢想。

　　番茄芝士三文治　準備 2 片全麥麵包、一片番茄及一片低脂芝士。首先，在麵包片上放芝士片，再放上瀝乾水分的番茄，擠上少許黃芥末醬，撒上少許黑胡椒；然後用另一片麵包將材料夾起來。用錫箔紙將三文治包好，放進預熱的烤箱，烤 8~10 分鐘即可。

洋葱

作用：牙齒細菌「殺手」。

　　洋葱實在是一種好食物，不僅可以軟化血管，防止動脈硬化，而且還是「護齒功臣」。

　　洋葱含有的硫化合物是牙齒的殺菌劑，能殺滅引起齲病的變形杆菌，而且以新鮮生洋葱效果最好。因此，常吃洋葱可以保護牙齒。

　　建議每天吃半個生洋葱，不僅可以預防齲病，還有助於降低膽固醇，預防心臟病及提升免疫力。所以當你製作生菜沙律時，可以剝幾片新鮮洋葱加進去；或者在漢堡、三文治裏，夾上一些生洋葱絲，既能讓食物變得美味，還可以保健你的牙齒。

香菇有助防蛀牙

研究還發現香菇中所含的香菇多糖體可以抑制口腔細菌,使其不能製造牙菌斑,從而防止齲病。

香菇

作用:抑制牙菌斑。

香菇營養豐富,味道鮮美,而且對牙齒也有保護作用。

香菇還含有一般蔬菜所缺乏的維他命 D 源（麥角甾醇 Ergosterol）,麥角甾醇經日光照射,可轉變成維他命 D,幫助兒童骨骼和牙齒成長。另外,香菇中含有的粗纖維與芹菜粗纖維的作用近似,咀嚼時與牙面發生機械性摩擦,能清除牙菌斑,對牙齒有清潔作用。所以,容易沉積牙垢的人可以多吃一些香菇。

此外,香菇中還含有鮮香味物質鳥苷酸和香菇精,氣味芳香,有助於口氣清新。同時,香菇所含的大量維他命 C,同樣具有殺滅有害菌、保護牙齒的作用。

每週吃 2~3 次香菇,就可以讓我們的牙齒得到很好的清理和保護。

芥末

作用:殺菌防齲病。

芥末是芥菜的成熟種子碾磨而成的一種辣味調料。芥末嗆鼻的主要成分是異硫氰酸鹽,這種成分不但可預防齲病,而且對預防癌症、防止血管凝塊、輔助治療氣喘等也有一定的效果。

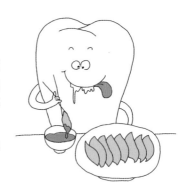

番石榴

作用：預防牙病。

番石榴的維他命 C 含量高居水果之冠。而維他命 C 是維護牙齦健康的重要營養素，嚴重缺乏維他命 C 的人牙齦會變得脆弱，容易罹患疾病，出現牙齦腫脹、流血、牙齒鬆動或脫落等徵狀。

經常外食或工作壓力大的上班族，可以隨身帶一個番石榴，等肚子餓或精神萎靡時吃，既補充體力又可以堅固牙齒。

綠茶

作用：抗酸防齲病。

許多研究都指出，綠茶的抗齲病能力相當強：一方面是綠茶含有大量的氟，可以與牙齒中的磷灰石結合，具有抗酸防齲病的效果；另一方面是綠茶中的兒茶素能夠減少在口腔中引起齲病的細菌，同時也可消除難聞的口氣。

一天喝 2~5 杯綠茶，最好在用完餐或吃了甜點之後飲用，既能清潔口腔，又可以去除異味，還能保護牙齒。但綠茶裏含有咖啡因，所以孕婦應該限量飲用。

薄荷葉

作用：減少口腔內細菌滋生。

在歐美國家，許多家庭用薄荷葉自製漱口水，緩解牙齦發炎、腫脹等不適感。國外研究也發現，使用這一類藥草漱口水可以減少口腔內的細菌滋生。

當吃完一頓大魚大肉之後，喝一杯不加糖的薄荷茶，不僅除細菌，還可以去油膩，緩解腹脹感；當你苦惱於滿嘴的蔥、蒜辛味而不敢開口交談時，建議嚼 2~3 片新鮮薄荷葉，有助於去除這些令人尷尬的氣味。

水

作用：喝水是最簡單，但卻最重要的牙齒保護方法。

水是最常見也最易被人忽視的護齒食物。適量喝水能讓牙齦保持濕潤，刺激唾液分泌，在吃完東西之後喝一些水，順道帶走殘留口中的食物殘渣，不讓細菌得到養分，損害牙齒。

如果吃過東西之後，無法立刻刷牙，切記喝一杯水來清洗口腔，可減少患齲病的機會。

幫牙齒做運動

叩齒和咬齒

叩齒

有一種說法叫「叩齒三十六」，就是每天起床後和睡覺前各叩齒 36 下，同時將產生的口水嚥下，從小堅持一直到老，可以使牙齒堅固，不生牙病。

現代科學認為，叩齒能興奮牙體和牙周組織的神經、血管和細胞，促進牙體和牙周組織的血液循環，增強其抗病能力。

乾隆皇帝是清朝在位最久、壽命最長的皇帝，他的長壽秘訣之一即「齒宜常叩」。

叩齒：是一種較常見的牙齒保健方法，現代醫學認為可增加牙齒的自潔作用，發揮咀嚼運動所形成的刺激，增強牙體本身的抵抗力。

具體做法：嘴唇微閉，上下牙齒有節奏地反覆分開、合上，牙齒觸碰發出響聲。每日早晚可各叩齒一次，每次叩齒次數因人而異，多少不拘。叩齒的力量也不求一律，可根據牙齒的健康程度，量力而行，但必須持之以恒才可見成效。

咬齒：可視為叩齒法的一個輕量級鍛煉方法，因用力刺激的程度不同而異。

具體做法：全口上下牙齒緊緊合攏，有節奏地咬緊、放鬆。咬緊時用力，放鬆時上下牙齒也不離開，反覆 30 餘次即可，能促進口腔新陳代謝，增強牙齦血液循環，適用於各種牙齒疾病，並可堅固牙齒，延緩脫落。

牙醫告訴你

已患牙病的人最好不要叩齒，主要是由於叩齒力大，容易損傷牙齒，這類人可採用咬齒法。

鼓漱

鼓漱：是中國的傳統保健方法之一。古語云：赤龍攪水津，鼓漱三十六，神水滿口勻。一口分三嚥，龍行虎自奔。

鼓漱，指的是氣流在雙頰、上下唇等軟組織協同作用下，按照一定的方向流動，即口中不含液體進行漱口，從而使口腔多生津液、助消化，並可清潔牙齒和口腔黏膜，增強口腔自潔作用，提高牙齒抗病能力，鍛鍊口週肌肉，使牙齒更健康。

具體做法

- 首先，閉口咬牙，口中含一小口氣，要以舌和兩腮在口中上下左右攪動，即做漱口動作，空漱 30 次以上，鼓漱時會產生大量的唾液，等唾液滿口的時候，分為 3 次慢慢嚥下。剛開始練習的時候可能唾液不多，長時間練習之後，自會增加。同時要注意，吞嚥唾液時要有聲音。
- 鼓漱法每日進行 2 次，每次 1~2 分鐘，同時以舌尖在牙齒的內外上下按摩 1~2 分鐘。

持之以恒地來做這項簡單的牙齒保健操吧，它會讓我們的牙齒變得更牢固、健康。

堅持鼓漱法，
牙齒更健康。

轉轉舌頭 ▶

運舌： 別稱「攪海」，指舌頭在唇頰與牙齒的間隙中按一定方向運轉。

此外，運舌還有利於防治老年性口腔黏膜病和舌體萎縮，能刺激唾液分泌增加，滋潤胃腸，有助於脾胃功能，並能防止口苦和口臭。

運動舌頭增強味蕾敏感性

中醫認為，舌體和人的五臟六腑有着密切的聯繫。整個舌體分開來看，舌邊屬脾，舌根屬腎，舌心屬胃。經常運動舌頭，能改善舌體的血液循環，使舌體味蕾的敏感性增強，從而增加食慾，並且可以清潔口腔，預防口腔疾病。

具體做法

- 端坐，靜心閉目，調勻氣息。
- 上下牙齒不要緊咬，留出 1 厘米左右的縫隙，緊閉口唇，將舌尖伸出並稍向上彎曲貼上門牙唇側牙面，用舌尖在口腔裏、牙齒外，轉動 30 餘下，這時口腔內會漸漸湧出唾液。
- 當唾液滿口後，就分 3 次嚥下。
- 接着用舌在口腔中舔摩內側齒齦 10 圈左右。
- 最後，以鼓漱收場。

不管多麼忙碌，一定要抽出時間試一試這個簡單的方法，相信絕對不會讓你失望。

擦擦面部

牙醫告訴你

不要在街邊散步或鍛煉時擦面哦，這時灰塵比較多，容易將細菌帶入面部肌膚紋理中，有可能造成細菌感染或過敏反應。

擦面還可以保護牙齒？沒聽説過吧！但這確實是真的。

擦面：是一種簡單易行的方法，通過擦面，可以使面部的血液循環增快，並可以按摩面部的大部分穴位，對於疏通氣血很有幫助。對牙齒來說，擦面可以促進頜骨的血液循環，從而使牙齒生長的牙床更健康。

在擦面之前，我們首先要清潔手部和面部，塗上些許潤膚型護膚品。

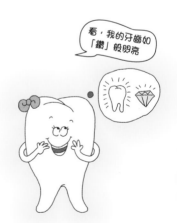

看，我的牙齒如「鑽」般閃亮

具體做法

- 首先雙手上下循環摩擦，要稍微用一點力氣，速度快一點，在摩擦生熱後將手覆蓋在面部，由下往上移動手掌，鼻部則由上至下移動。
- 當熱度散盡後，再次摩擦手掌使之生熱，重複以上動作，直到自己覺得舒適即可。

按按牙齦

　　牙周病是現代人最容易患的口腔疾病之一，往往會導致牙齦退化、萎縮，而對牙齦適當刺激，可以使牙齦更強健，不易萎縮。

　　牙齦按摩就是這樣一個好辦法，它可以促進牙齦角化，使上皮增厚，促進局部血液循環，改善組織代謝，從而提高牙齦對外界刺激的抵抗力，減少牙齦萎縮，防止牙周病和牙齒鬆動，保持口腔健康。

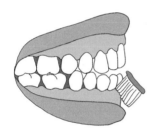

正確刷牙其實是最好的牙齦按摩方法。刷牙時可以有目的地將牙刷毛向上或向下傾斜45°，壓在牙齦上，反覆按摩。或者將牙刷放在牙根部，反覆上下短距離地顫動，對牙齦邊緣和牙間乳頭有按摩和局部清潔的作用。

　　除了刷牙，平時咀嚼一些粗糙、富含纖維素的食物，也會對牙齦組織產生適當的刺激，起到良好的按摩作用。

不要疏忽了口外按摩。漱口後，用食指放在牙齦相應的面部皮膚上，按一定的順序輕輕上下按摩，也可做圓形的旋轉按摩，同樣有利於改善局部血液循環。

既然口外都有按摩,那口內按摩也自然少不了。先把手洗乾淨,把食指放在牙齦黏膜上,來回移動按摩;或做圓形的旋轉按摩,再向牙冠方向施加力量,並向咬頜面滑動。反覆上述動作數次。記住,按摩後要漱口。

牙齦按摩的適用者很廣,半歲以上的人都可以。上述方法可以每天進行 2~3 次,每次以 3~5 分鐘為宜。

不要小看這個簡單的按摩方法,臨床上不少病例證明牙病患者如能堅持正確、認真的牙齦按摩法,能在數年甚至數十年內保持牙齒穩固且無炎症。

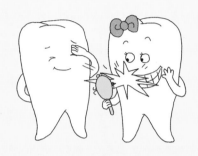

Chapter 6

牙齒美麗指數

說起美麗，很多人會立刻想到精緻的五官，雪白的肌膚，高挑的身材，大概很少有人會注意到牙齒。其實，牙齒整齊、緊密、乾淨、清爽，不僅從視覺上給人一種美感，而且會從心理上給人一種好感。

因此，保護好牙齒，等於將自己的形象提升了一個台階，也為自己爭取了一份被別人接受和認可的機會。

伴隨著人們對牙齒重視程度的提高，更多人不再僅僅滿足於保持牙齒健康，而在給皮膚美容、身材美容的同時，也不甘落後地想給牙齒「美容」。

牙齒美麗男女不同

　　人類進入農耕社會後，由於食物結構發生了變化，不論男女，齲病情況都明顯增多。而女性在進入成年之後比男性更容易出現齲病，特別是在懷孕之後，體內的雌荷爾蒙會導致身體發生變化，口腔分泌的唾液減少。唾液的作用非常強大，其中含有少量澱粉醃可以消化部分澱粉，所含溶菌醃還可溶解某些細菌，又能幫助清除口腔中的異物，保護口腔黏膜。唾液少了，牙齒自然就得不到足夠的保護。

　　此外，大多數女性都愛吃零食，這也大大加重了牙齒的負擔。

　　男性和女性在牙齒的審美標準上也會有所不同。

男性的曉多比較方正，方形、邊緣呈直角的門牙是最好的搭配；而女性的曉比較圓潤，門牙下面的兩個角最好是稍微圓一些。

男性剛硬的面部輪廓搭配尖尖的虎牙會比較好看；而女性的虎牙最好是圓潤的，沒有尖的，這樣才能體現女性的柔美。

牙醫告訴你

　　明白了這個事實，女性也不必沮喪，更不能抱着「反正牙齒天生不如男性」的想法，忽視牙齒的保養。其實，只要保持良好的口腔衛生習慣，關注牙齒健康，女性同樣能擁有一口潔白、健康的牙齒。

女性牙齒健康不如男性

通過研究當代人和史前人類牙齒狀況的記錄發現，女性的牙齒整體上不如男性健康，這與人類進入農耕社會後女性懷孕次數增多有關。

美麗牙齒的黃金比例

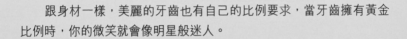

　　跟身材一樣，美麗的牙齒也有自己的比例要求，當牙齒擁有黃金比例時，你的微笑就會像明星般迷人。

1:0.618	上門牙和下門牙寬度之比。
1:0.78	中門牙（大門牙）長、寬最佳之比。 **適宜範圍在 1:0.66~1:0.8。**
1:0.7	從正面看中門牙與側門牙（挨着大門牙的那顆牙）的比值等於側門牙與犬齒（側門牙旁邊的牙齒）的比值。 **適宜範圍在 1:0.66~1:0.78。**

　　一般來説，中門牙可代表年齡。比如年輕人的中門牙比其他牙略長，但隨着牙齒磨耗，嘴唇週圍的肌肉組織開始鬆懈，中門牙暴露越來越少，則會顯得越來越短，人就顯得蒼老。

牙齒着色 ▶

　　明眸皓齒是每個愛美者所追求的目標，越來越多的人希望自己的牙齒潔白如玉，這是人們關注自己牙齒魅力的表現。在醫學上，單純的牙齒色黃、色暗等顏色改變統稱為「牙齒着色」。

影響牙齒美白因素

牙齒發育不良

　　若牙齒在發育過程中曾經「生過病」或者營養不良，就會使牙齒的鈣化受到影響，從而變得黃而鬆脆，這屬醫學上的「內源性着色」。比如在牙齒生長期用過四環素藥物，那麼藥物會沉積在象牙質內，使得牙齒變成黃色、棕色或暗灰色，稱為四環素牙；如果飲用水中含氟過多，也可能導致氟斑牙，表現為牙面呈白粉筆色或者棕褐色斑塊，稱為氟斑牙；如果牙神經壞死，也可使牙齒變黑。

　　牙齒發育的關鍵是牙齒的胚胎期；因此，母親在懷孕的時候以及兒童在幼兒時期，使用藥物應當謹慎，否則將影響砝瑯質或象牙質的發育，造成牙齒色素沉着。

水質問題

　　有些地區水中含氟量高，過多飲用就會使牙齒發黃。但是，氟卻有防齲的作用，所以這些牙黃者反而不易發生齲病。

衛生習慣不好

　　有些人不注意口腔衛生，牙齒表面堆積一層食物殘渣、軟垢、牙結石、煙漬、茶漬等。換句話説，牙齒表面存在着多種細菌，它們分泌許多黏性物質。一旦日常飲食中的茶垢、煙漬以及飲用水中的某些礦物質吸附在這些黏性物質上，就會逐漸使牙齒變黃或變黑。這就是「外源性着色」。

　　咖啡、紅酒和茶對牙齒的影響也是不可忽略的。

咖啡污染牙齒

對於外源性着色的牙齒來說，咖啡、茶、煙、紅酒是罪魁禍首。據統計，中國有 15%~25% 的煙民，也就是說中國有 2 億 ~3 億人的牙齒是發黃、發黑的。

腐壞的、陳舊的或崩缺的充填物

這些充填物可以導致牙齒變色，使許多人看起來比實際年齡蒼老。

美白牙齒

自然，每個人都是愛美的，在有條件的情況下很多人會去選擇美白牙齒。

牙齒美白從本質上講是一種清除砝瑯質上污點和色素的程序。

治療手段：一般有 2 種修復治療和漂白治療。

修復治療

要磨除一部分自然牙齒後，用人造材料覆蓋在相應部位，其優點是牙色的改變明顯，缺點是必須磨除自然牙齒，且有可能傷及牙髓。

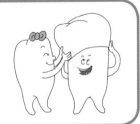

漂白治療

不必磨除自然牙齒而使牙齒改變顏色。如冷光美白技術就是其中一種。

牙醫告訴你

1. 中輕度變色牙齒宜先嘗試保守治療方式漂白為宜。

2. 重度變色牙齒或對改變牙色要求較高的人不宜用漂白方式處理。

3. 選擇修復治療方式的人應有一定的心理預期，如會磨除部分自然牙，甚至有傷及牙髓的可能。

冷光美白

冷光美白是通過特殊冷光源照射覆蓋在牙面的漂白劑，使之短時間內滲入牙齒硬組織中來達到改變牙齒顏色的目的，其優點是不損傷牙齒硬組織，操作治療時間為 30~45 分鐘，但不足之處是由於藥物作用漂白，漂白效果會因個人牙齒情況而有所不同。

除了去醫院處理的方法外，還可以試一個小偏方：

將白木瓜切片，每天擦拭牙齒 2 次，每次 2 分鐘，堅持一個月，會起到不錯的效果。

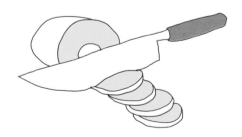

白木瓜切片擦拭牙齒，牙齒越擦越白。

牙齒美白

牙齒美白的方法本質上講只有兩種,一種是化學漂白,另一種是遮蓋美白。還原牙齒本色的洗牙、潔牙,嚴格來說不能算美白牙齒。

化學漂白包括藥物漂白、激光美白、冷光美白等。遮蓋美白包括烤瓷牙、牙貼面等。

藥物漂白

漂白藥物通常是漂白凝膠,也有的是含6%或10%的過氧化氫。通過將藥物放在特製塑料類托盤(特定牙托)中的特定位置,使漂白劑吸收進砝瑯質表面,脫礦成白堊色,透光性減弱,透明度降低,使着色的象牙質不反應出來或者反應度降低而遮住象牙質的顏色。隨着砝瑯質的再次礦化,象牙質的顏色又反應出來,然後牙色又複色了。另一種解釋認為,由於氧化物小分子穿透砝瑯質,與象牙質中的色素基因結合、反應,改變砝瑯質和象牙質的顏色,從而達到漂白的目的。

藥物漂白對於重度氟斑牙及四環素牙效果不佳,並且有些患者會有牙敏感等不良反應,但是這些不良反應是短暫可逆的。

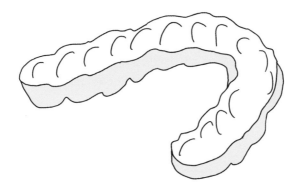

藥物漂白用的特定牙托

激光美白

利用較高濃度的漂白劑（如過氧化氫），搭配適當的激光劑量，催化過氧化物，增加及加速過氧化物的漂白作用，並且選擇性作用於沉積在牙齒上的色素顆粒，將齒內有機色素由碳環結構漂白至親水性的無色素結構；將牙齒結構中那些吸光大分子打碎成小分子，不再吸光，從而達到安全美白的療效。同時，適當劑量的激光照射可以封閉象牙質小管，降低象牙質的通透性，減少牙齒漂白過程中發生的象牙質敏感徵狀。激光美白比較快速，平均每顆牙齒的照射時間不超過 1 分鐘，大大降低了牙齒產生過熱或敏感的可能性。激光美白牙齒治療時不會感覺疼痛，治療後，由於藥物持續作用，當天牙齒會有略刺的感覺，大部分情況下，幾小時後就會有改善。激光美白牙齒效果比單純使用漂白凝膠要好。

冷光美白

冷光美白也是藥物美白的一種，是一種較安全的技術，無論對牙齒還是牙齦等軟組織都不會引起不可逆的傷害。個別砝瑯質發育不良、牙齒隱裂、中重度磨耗等牙齒在治療過程會感到明顯不適，如酸痛、跳痛等，但是通常於術後 24 小時內能夠自行恢復。

原理：是將波長介於 480~520 納米的高強度藍光，隔除一切有害的紫外光與紅外線，照射到塗抹在牙齒上的特殊美白劑上，在最短的時間內使美白劑通過象牙質小管與多年來沉積在牙齒表面及深層的色素產生氧化還原作用，使牙齒趨向潔白。美白劑主要成分是過氧化氫和過氧化矽等。

適宜：由於牙齒接觸了有色的食物，如醬油、巧克力、茶、紅酒、咖啡、可樂等而變色，以及煙漬、四環素牙、遺傳性黃牙等。

進行冷光美白後的 24 小時內，盡量不食用以下食物：茶、紅酒、可樂、咖啡、番茄醬、辣椒醬、芥末、醬油等有色食品，也不要吸煙。記住，任何有可能在白襯衫上染色的食物都有可能影響您的牙齒美白。可食用白色或無色食品如：白麵包、白米飯、牛奶、水、無色飲料、燕麥、小麥成品、香蕉、馬鈴薯、火雞、白色魚肉、乳酪、芝士等。

需要注意的是，健康的牙齒並非雪白的顏色。因此，把牙齒漂得過白會顯得非常不自然，真正意義上的漂亮牙齒應該是和膚色、唇色和諧一致的。

牙醫告訴你

很多人擔心接受牙齒美白會讓牙齒變得脆弱，這是一種錯誤的觀點。牙齒美白通常是利用過氧化氫使牙齒發生還原反應，但是牙齒本身是很堅固的，這種還原反應只能清除表面的色素，對牙齒本質沒有損害。

牙粉美白牙齒要小心

牙醫告訴你

若想通過牙粉美白牙齒，就把牙粉和牙膏交替使用，既能防止牙垢，又可以達到牙齒美白的效果，還不會過分傷害牙齒。此外，牙齒本身有創傷和口腔潰瘍的人應該慎用牙粉，避免造成不必要的傷害。

牙粉是沒有發明牙膏之前使用的東西。它的主要成分是碳酸鈣、皂粉和少量的天然香精、過硼酸鈉等。自從牙膏誕生以後，牙粉已經漸漸淡出市場。

為什麼牙粉又悄然出現在愛美者的洗漱台上呢？那是因為它有一個最大的「優點」——可以讓牙齒在短時間內變白。之所以加上引號是因為事實上沒有這麼簡單，牙粉美白牙齒仍要慎重。

牙粉 VS 牙膏

性狀	牙粉比牙膏粗糙，所以牙粉對牙齒的摩擦比較大，正因如此，它在去除牙垢、牙菌斑和牙結石等方面很有優勢。
成分	牙粉一般含人工色素少或沒有，牙膏是化學工藝膠性膏體物單方配製，含人工色素香料。
效果	牙粉通過含漱，去除污垢的能力強於牙膏。牙膏主要清除細菌，一般不能去除牙垢、牙結石等。

對於有牙垢或者因長期吸煙導致牙齒黑黃的人來說，普通牙膏的清潔作用過於柔和，很難達到美白牙齒的功效。而牙粉具有很強的清潔效力，並由於其是粉狀的，容易和牙齒產生摩擦，清除牙垢的能力非常強。很多牙粉還加入了強化增白配方，增強了牙齒美白的效果。

長期使用牙粉不良反應

1. 牙粉 pH 值高，容易引起口腔組織發炎。

2. 牙粉顆粒比較大，會磨損牙齒表面的砝瑯質。牙粉含有較多的天然礦物質，而這些礦物質多為堅硬多角的晶體。在用牙粉刷牙時，晶體堅硬銳利的棱角會磨損牙齒表面的砝瑯質，在牙面上出現一條條細溝，使象牙質暴露出來，造成和齲病相同的後果——遇到酸、甜、冷、熱等刺激，就會發生難以忍受的疼痛。

3. 黏膜會受到過大的刺激和摩擦，易導致牙齦出血。牙齦表面覆蓋着一層粉紅色的軟嫩的黏膜，用牙粉刷牙，黏膜會受到過大的刺激和摩擦，易導致牙齦出血。

使用牙粉前請注意：使用時最好先用普通牙膏清潔牙齒，去除浮在牙齒表面的污垢，再用乾牙刷蘸牙粉在牙齒表面輕輕摩擦，最後用清水刷牙，並沖掉剩餘在口中的牙粉，避免吞嚥入腹。

總之，平時刷牙應該用牙膏，不要用牙粉。若想美白牙齒，也只能短期使用牙粉。

像明星一樣做牙齒貼面吧 ▶

看看那些明星們，無論長相如何，都有一口潔白的牙齒。通常來說，除了漂白修復之外，他們也會選擇牙齒貼面修復。根據貼面使用的材料和修復方法不同，可分為樹脂貼面、瓷貼面。

樹脂貼面

樹脂貼面是將樹脂按照牙體外形製成貼面後，通過光固化作用使樹脂固化於牙體表面，主要用於門牙修復。其特點是較瓷貼面容易操作，物美價廉，操作時間短，可以一次完成。由於樹脂具有天然牙色，可以有效地遮蓋住變色牙的顏色，取得美觀的效果。納米樹脂容易塑形，通過牙科醫生的反覆雕刻，能夠達到理想的牙齒形態。

樹脂貼面在貼面修復中價格是最低廉的。容易受溫度等因素影響，發生樹脂材料老化，貼面可能變脆、變色或脫落。同時由於樹脂的微觀結構實際上為蜂窩狀的微孔，容易被食物等色素染色，一般 5 年左右需要重新治療。因此平時要精心保護，以延長使用年限。應少食濃茶、咖啡等易染色的食物，特別注意不要啃食硬物以防折裂脫落。

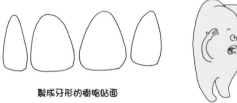

製成牙形的樹脂貼面

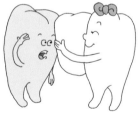

瓷貼面

相對於樹脂貼面來說，無論從效果上還是價格上，瓷貼面顯然是更高級的修復方法。

瓷貼面修復方法是通過將牙齒唇側表面均勻磨除一層，做好牙模，然後用牙科專用瓷性材料真空壓縮燒製好後，黏貼在牙齒上。可重塑牙齒的外形和色澤，精確地控制牙齒顏色指標，透光性強，非常

牙醫告訴你

樹脂貼面適用的範圍非常廣泛，對於氟斑牙的修復也完全沒有問題。

不僅能用於牙齒美白，也可以修復不理想的牙齒形狀。如牙縫過寬，一般 4 毫米以內的門牙間隙都可選用光固化樹脂貼面，使原有的牙齒稍稍增寬一些。

當然，樹脂貼面也會有同其他美白方法一樣的「善後問題」。做完樹脂貼面，短期內應避免吃硬的食物。

自然，可達到近乎完美的效果。

製作精良的瓷貼面對牙齦刺激很小，且瓷貼面的耐磨性與牙齒相近，顏色穩定。

但瓷貼面修復對醫生的技術和美學觀念要求很高，操作步驟相對較多，價格也比樹脂貼面高。

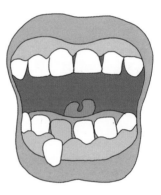

美觀大方的瓷貼面

條件

總體上來講，臨床中，瓷貼面一般用於變色門牙的美容修復，除上、下門牙外有時也可用於上頜第一前臼齒，其他牙齒一般不做瓷貼面修復。

上門牙因瓷貼面在唇側，不直接承受咬合力，故應用最多，效果也較好，而下門牙是否做瓷貼面修復要根據咬合情況慎重選擇：如果深覆牙合，咬合過緊，下門牙的貼面會直接承受咬合力，不適宜做瓷貼面修復。

如存在異常咬合關係，貼面也會承受異常的咬合力，這時上、下門牙都不適宜做瓷貼面修復。

優勢

有夜間磨牙或緊咬牙習慣者因會發生不能控制的無目的的空咬運動，易造成貼面損壞，也不能做瓷貼面修復。

牙體組織缺損較多、可供黏結的牙體組織面積不夠時，黏貼效果就會欠佳，通常認為牙體組織缺損 60% 以上者不能做瓷貼面修復。

相比烤瓷牙，磨牙量少。烤瓷牙需要將整個牙齒磨除 1~2 毫米的厚度，甚至可能損傷牙神經，對牙齒造成損傷。而貼面磨牙量則少得多，通常在唇側和切端磨除 0.5~1 毫米，大多控制在琺瑯質部分，也不會損傷到牙神經。

對牙齦的刺激小。由於美觀的原因，很多烤瓷牙邊緣會做到牙齦下。如果製作不夠精密，會對牙齦產生不良刺激，甚至導致牙齦出血、紅腫和退縮。瓷貼面的邊緣部分通常都放到平齊牙齦邊緣或者牙齦上，能較好地保證牙齦健康。

不適感較小。因為貼面對牙齒舌側磨除很少，甚至不磨。修復後舌側複雜的結構能夠很好保留。這樣適應起來很快，舌側的口感基本不會變化。對發音和咬合的影響比較小，這對一些特殊職業而言，如翻譯、主持、教師等人尤其重要。

逼真的美觀效果。由於瓷貼面材料和琺瑯質非常接近。耐磨性、光學特性等都非常好，能夠達到很完美的仿生效果。而烤瓷牙在某些特殊光線的環境中，光學效果有時不是很完美。

缺陷

比較容易脫落或崩裂。因此要避免一些可能造成瓷貼面崩裂的行為。如用貼面修復牙咬硬物等。一旦瓷貼面脫落或折裂後，如貼面尚完整，可重新經酸蝕後黏貼；如不完整，需重新製作後再黏貼。

積層塑膠板治療術

將需要矯正的牙齒，刮開 0.3~0.5 毫米的厚度，然後把如同人工指甲的薄層石膏片貼在牙齒表面，以進行牙齒美白。

優勢

對於僅用漂白法很難治療的牙齒有很好美白效果，而且顏色非常自然，只做一次就可以永久美白。

還可以部分解決牙齒大小不等、形狀奇特等問題。

缺陷

會對牙齒造成一定損傷，因為這種方法是按齒列的排列狀態來刮掉原本正常的牙齒。牙齒在短時間發生了巨大的變化，需要很長的適應期，而且薄片是貼上去的，因此存在掉下來的可能性。

目前，這種方法對身心的弊端還沒有很明瞭的答案，而且，不是所有人都適合這種方法。對牙列嚴重不齊的人來說，這種方法是無法解決的。

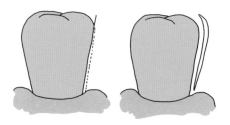

積層塑膠板治療術適用於僅用美白很難治療的顏色過深的牙齒，能短時間內達到永久美白的效果。

快速變美，首選烤瓷 ▶

　　有些人的牙齒只有一兩顆不整齊，且不想經受長達一兩年的牙齒矯正過程；還有人少量牙齒形狀不理想，希望能有一個既快速，又長久的變美方法。此時，可選擇烤瓷修復，又稱「燒餐牙」。

優勢

　　烤瓷牙是一種理想的修復體，能恢復牙體的形態功能，抗折力強且顏色、外觀逼真，表面光滑，耐磨性強，不會變形，色澤穩定，屬永久性修復體。

　　烤瓷牙是把原有的牙齒磨小，然後戴上烤瓷牙套。除了接觸牙齦的部分，牙齒一圈都要均勻地磨小，磨好後牙醫會用特定的模具取下全套牙的形狀，然後給你做一個臨時的牙套，並對你的牙齒進行比色，確定以後烤瓷牙的顏色。

　　烤瓷牙加工通常需要等待一週時間。一週之後，當你在預定的時間來找牙醫，就能看到加工好的烤瓷牙，此時，牙醫會卸下你的臨時牙套，換上大方美觀的烤瓷牙套。

分類

烤瓷牙發展到今天，已出現很多不同的種類。

金屬烤瓷牙	非貴金屬烤瓷牙
	半貴金屬烤瓷牙
	貴金屬烤瓷牙
全瓷牙	陶瓷牙
	鑄瓷牙
	二氧化鋁瓷牙
	二氧化鋯全瓷

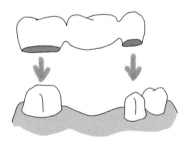

金屬烤瓷全冠
也是牙齒不錯的選擇

常用烤瓷牙

金屬烤瓷牙

金屬烤瓷牙選用金屬作為內層牙冠，然後用牙科專用瓷性材料高溫燒結在金屬的表面，達到恢復牙齒的外形、功能和美觀的目的。由於存在金屬內冠，烤瓷全冠的強度要高於瓷貼面和全瓷冠。但是由於要遮住金屬內冠的顏色，需要用遮色瓷層，會使牙色的層次感、逼真感變得較差。如果選用價格便宜的普通金屬作為內冠，還會隱約透出金屬的顏色而影響牙冠的外觀，價格偏高的貴金屬內冠在一定程度上可避免牙齒的色澤出現問題。

非貴金屬烤瓷牙

1. **鎳鉻合金烤瓷牙**：生物相容性差，一部分人會發生過敏現象，且鎳、鉻元素的緩慢釋放，會造成牙齦變色和口腔毒性，影響人體健康。優點是價格低廉。
2. **鈷鉻金屬烤瓷牙**：由於不含鎳元素，生物相容性大大提高，造成牙齦變色的概率也降低，價格也較低。
3. **鈦及鈦合金烤瓷牙**：鈦具有良好的生物相容性，對人體無毒，同時有良好的耐腐蝕性，但由於製作工藝難度高，臨床應用有待進一步研究。

貴金屬烤瓷牙

金屬內冠一般含有金、鈀等貴重金屬。

優點：一是顏色，尤其是瓷牙與牙齦接觸的地方很漂亮，不會出現發青、發灰的現象；的結合非常好，很少有崩瓷的情況發生。現在，歐美等國家主要應用此技術。

貴金屬烤瓷牙的代表是黃金烤瓷牙。黃金烤瓷牙是由高含量的合金製作金屬內冠，是目前最受歡迎的烤瓷牙之一。化學性能穩定，不易被氧化和分解，所以不刺激牙齦，不會引起牙齦變色。由於強度高於一般的烤瓷材料，與瓷粉的結合力較強，牙齒修復後不易脫瓷，更具生理功能。此外，黃金具有對力緩衝作用的特殊物理性能，用力咀嚼時，不易出現基牙痛痛徵狀。

全瓷牙

烤瓷牙因具有瓷的美觀和金屬的強度等優點，深受患者喜愛。而全瓷牙作為烤瓷牙中的極品，其近乎完美的效果是有目共睹的。

全瓷牙優勢

最大的區別在於它們的內冠：

- 瓷冠有兩層，外面是瓷，裏面的一層是瓷的透明支撐骨架；烤瓷的內冠是金屬，而金屬是不透明的。
- 用全瓷冠做美容修復，修復體的色澤好，頸緣美觀，不會產生牙齦黑線，頸緣瓷與肩台形成對接，並且有足夠的厚度，既保證了瓷的強度，又有利於美觀。
- 從生物學角度來說，全瓷冠的刺激更小一些，沒有金屬刺激。
- 烤瓷冠裏面有金屬，強度大一些。
- 全瓷牙價格昂貴，烤瓷牙相對便宜一些。

牙醫告訴你

什麼樣的牙齒適合做瓷貼面，什麼
樣的牙齒又適合做全瓷牙呢？

如果牙齒比較整齊，只是想改變最
外層的顏色的話，貼面比較好。如果牙齒有缺損，
做全瓷牙比較好。

　　儘管金屬烤瓷牙的使用已有 40 餘年歷史，並在
臨床上取得了巨大的成功，但由於許多患者對金屬
烤瓷修復常會發生過敏反應。這種過敏反應通常表
現為冠齦的邊緣部分發生嚴重的炎症或牙齦增生。
所以，許多患者更願意選擇全瓷冠修復體。

　　但是，晶瑩剔透的全瓷牙雖然有着最美的外表，
其強度卻要低於烤瓷冠。目前，大多數全瓷冠還僅
限於製作單冠，在耐久性和壽命方面還沒有足夠的
數據顯示可以與金屬烤瓷修復體相媲美。所以，需
要進行修復者可以結合自己的實際情況和喜好來進
行選擇。

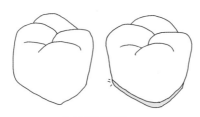

全瓷冠和烤瓷冠

全瓷冠常用 3 種材料

1. 玻璃鑄瓷

以高強度瓷為內冠，透明性好。其絕佳的光學性質，極好的生物相容性，逼真的色彩使它成為近十幾年歐美人士美容之首選。但它強度稍低，對醫生技術要求很高。

----

2. 氧化鋁全瓷冠

有極高的精密度和強度。但內冠不透光，也有相當好的美學效果。目前在市場上應用比較廣泛，深受好評。

----

3. 氧化鋯全瓷冠

強度很高，是目前全瓷冠之最，僅次於金屬冠，可以用於多個牙齒缺失後的修復。

烤瓷牙使用需知

一個好的烤瓷牙，有賴於臨床醫生規範的操作，正確的設計，專業的修復理論和技師的密切配合等。否則，將難以達到理想的修復效果。當然，這還得有賴於使用者自身的愛護。

1. 初戴烤瓷牙時有輕度不適者應耐心練習使用，逐漸適應。
2. 初戴時應吃軟的食物，適應後再吃正常食物；要避免進食過涼或過熱的食物，以免引起激發痛。大約 2 週以後可以正常進食。
3. 烤瓷牙受到超過其應力範圍的壓力會碎瓷，所以不要咬太硬的食物，比如核桃仁、花生仁等。
4. 戴烤瓷牙初期與修復前相比，上下牙尖對位可能會有變化，要緩慢進食，逐漸適應，以免咬傷頰舌黏膜。

5. 烤瓷牙與基牙的接合處容易聚集牙菌斑，形成牙結石，應注意保持口腔清潔，養成餐後刷牙的習慣，牙縫間可以使用牙線清潔，並定期找牙醫檢查、潔牙。

6. 由於牙體預備時磨除了部分砝瑯質，初戴烤瓷牙時，部分人會出現冷熱敏感或疼痛，隨着時間推移會慢慢緩解。

烤瓷牙的缺點

1. 它是一種帶有損傷性的治療而且是不可逆的。
2. 烤瓷牙的使用年限，臨床醫學觀察一般是 8 年。
3. 為挽救一顆缺牙，要磨損兩側健康牙，因此降低了牙齒的正常使用壽命。

美容冠

　　美容冠是流行於歐美、日韓的一種新興牙齒美容技術，即在傳統烤瓷牙的基礎上強調牙齒的美容效果。技術採用最新數碼科技，精確分析牙齒形態以及病症，再採用 3D 定位系統，由專業的美容牙醫制訂美牙方案，成形後的牙齒美觀大方，像真牙一般不易分辨。根據就診者不同的牙色，通過 29 個牙色層次化類比，使成形後的牙齒達到完美的色調統一，常年保持美麗天然的光澤。不需動及牙根，徹底解除愛美又怕痛的顧慮。

　　美容冠比傳統烤瓷牙更堅固，採用最新科技的黏貼技術，不易脫落。

　　雖然美容冠有很好的美容效果，但並非每個人都適合進行美容冠牙齒美容。一般來説，暴牙、虎牙、地包天、門牙擁擠、門牙稀疏、牙列不齊、牙齒缺損、烤瓷失敗、錯過矯正黃金期的成年人以及重度四環素牙等比較適合美容冠美容牙齒。

　　台灣電視主持人小 S 將自己的牙齒矯正過程寫成《我的牙套日記》，引起許多矯正者的共鳴。

　　牙齒矯正，是在保持原有單個形態不變的前提下，對牙齒進行重新排列、恢復、重建口腔功能與正常形態的過程。牙齒矯正不僅為了美觀，其實質是口腔骨骼的生物學改建過程，人們往往將之稱為「戴牙套」。

　　牙套是在牙齒上黏結稱為托槽的小鐵片，將矯正弓絲結紮上去，使牙齒發生移動，達到完美的牙列狀況。牙齒矯正後，除了令牙齒看上去更美觀，還可以改善頜骨的形狀，使整個面容更協調，起到美容的作用。牙套的佩戴，根據不同情況需要戴 1~2 年。然後再戴保持器，需要戴 2~3 年，其頻率從日夜佩戴，到每天晚上戴，到隔一天戴一晚。

　　矯正過程中，如果口腔衛生維護不好，可能造成牙齦炎症、牙齒脫礦變色等口腔損害，從而使不少患者，特別是成人患者望「矯正」而生畏。

　　其實只要護理得當，一般矯正者都能平安度過「牙套期」。而且隨着科技發展，牙套種類越來越多，人們可以有更多的選擇。除鋼制托槽，還出現了跟牙齒顏色相近的陶瓷托槽，還有舌側矯正器，又稱「隱形牙套」，不過其適用範圍相對較窄。

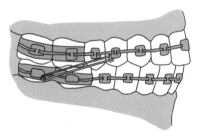

黏在牙齒表面上凸起的小方塊稱為「托槽」，是固定矯正器最重要的組成部分。目前常用的托槽可分為金屬、透明陶瓷和隱形等種類。

牙齒矯正沒有年齡限制

　　當然，一般來説，年齡小、身體健康、口腔條件好的人治療效果會比較好。如果矯正前口腔患有嚴重的齲病、牙周病，需要進行的準備時間就會比較長，治療後的效果也需要更長時間的鞏固和跟蹤觀察。

成人矯齒

隨着醫療水平的提高，最近 20 多年來，要求矯正治療的成人患者逐年增多。美國有 25% 的矯正就診患者為成人，中國成人矯正也呈日益上升的趨勢。成人矯正大概需要兩年半到三年的時間，在不需拔牙的情況下，時間會短一些，大概一年半左右。成人進行矯正治療的目的是解決功能和美觀的問題，同時改善整個口腔的健康條件。

兒童牙齒矯正

孩子在成長過程中，會遇到齲病、乳齒早落、遲脫、牙列不齊等諸多問題，這些問題如果沒有得到及時、正確的解決，將對孩子的臉型、牙齒造成一系列的影響，甚至影響孩子的身心健康。

目前，大多數家長只注意到孩子牙齒排列不齊，而對同時存在的其他方面的矯正缺乏認識，尤其對一些骨性錯頜不能早期發現，往往使孩子錯過了最佳治療時間。

兒童矯治的最佳年齡

根據孩子牙齒錯頜類型而定，一般分為 3 個階段：

1. 乳齒期階段（4~5 歲）

有乳齒反頜（地包天）的兒童應於此期進行矯正。早期矯治有利於上頜骨發育，預防恒齒反頜。如果孩子有伸舌、咬唇等不良習慣，可得到糾正，預防錯頜發生。

2. 替牙期階段（女孩：8~10 歲，男孩：9~12 歲）

在替牙階段如果發現孩子有咬唇、伸舌、前伸下頜等不良習慣，以及臉型異常和牙齒排列異常等情況，應及時找牙醫或找矯正專業醫生檢查，確定是牙性、功能性還是骨性錯頜畸形，明確治療方案。

3. 恒齒期階段（女孩：11~14 歲，男孩：13~15 歲）

此時，孩子的牙齒已替換完，骨骼基本定型，一般常見的錯頜畸形在這個階段都可以得到很好的治療。

矯正是否一定要拔牙

讓我來告訴你，拔不拔牙不是一概而論的。就像修剪盆栽要從整體的美觀角度來考慮一樣，醫生要根據牙列不齊的擁擠程度和臉型突出等情況綜合考慮。如果需要拔牙的話，可以利用拔牙後的空間，解除牙列擁擠，使前凸的牙齒內收，從而糾正咬合關係，改變臉型。

戴矯正器注意

事實上，矯正器剛戴上時，或者是矯正器剛加力的 3~5 天以內，受力的牙齒將會有酸脹、發軟的感覺，因此不敢咬食物。一般來說，這些徵狀會在一星期左右自行消失。

剛開始佩戴矯正器的時候，鋼絲的接頭等處有可能會摩擦口腔黏膜，造成口腔潰瘍。這時矯正者可以選擇矯正專用的口腔黏膜保護蠟，同時盡量食用較軟的食物。

牙套要戴多久

其實，戴牙套的時間是由自身的口腔狀況決定的。戴牙套時間長短和日後反彈與否也沒有必然的聯繫。此外，牙套要戴多久才有效並不是影響牙齒美容效果的主要原因，一般情況下，在摘除牙套之後，還需要戴 2 年左右的保持器。

對牙髓影響

牙齒矯正對日常生活和學習是沒有妨礙的，但是會對牙齒產生一些影響。

1. 對牙髓的影響

治療初期，牙髓內會產生輕度的、暫時性的炎症反應，表現為患者在加力的頭幾天內有疼痛或不適感。實驗證明，這種影響是沒有臨床意義的。

---

2. 對牙根的影響

牙齒矯正時，牙根表面產生吸收、增生等重建活動。治療後，牙根憑着自身修復能力而恢復正常，如果治療中加力過大，會增加牙根吸收的危險。

---

3. 對牙槽骨高度的影響

做過矯正治療的人，牙槽骨高度都會有小幅降低，這是由於戴矯正器後，口腔衛生不易保持，增加了患牙齦炎的機會，從而對牙槽骨有一定的影響。矯正治療完成後，牙槽骨不會再繼續發生吸收，如果口腔衛生保持得好，牙槽骨會逐漸恢復正常。

---

4. 牙齒變鬆動

正常情況下，每顆牙都有一定的生理鬆動度，以便緩衝咀嚼壓力，防止牙齒受到創傷。做矯正治療時，牙齒鬆動度增加是正常的。因為牙齒是靠牙周膜固定在牙槽骨裏，牙齒要移動，需要牙槽骨和牙周膜的重建，這樣牙齒就會變鬆動，但牙齒矯正到正常位置停止移動後，牙齒能夠通過自身的修復能力使牙周膜重新附着而變穩固，不會發生永久性損傷。如果發現牙齒鬆動度太大，應暫停加力，讓其恢復一段時間後再繼續加力。

佩戴牙齒矯正器如何清潔牙齒

佩戴牙齒矯正器時，口裏突然多了東西，誰都會覺得不習慣。最麻煩的是，清潔牙齒變成了非常重要又很難完成的任務。那麼，我們該怎樣解決呢？

一開始可能會覺得一邊戴着矯正器，一邊清潔牙齒和牙齦會有些困難。別着急，耐心一點，事情會變得越來越容易。以下一些小技巧對你可能會有幫助：

戴牙套者的刷牙方法

清潔牙齒前先把矯正器上的橡皮筋和可拆卸部分取下。

把牙刷沿着牙齦 45° 角放置，微微用力，前後短促地清潔牙齒，一顆一顆地刷，每顆牙齒刷 10 秒左右。

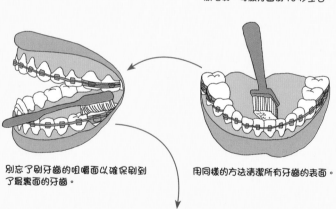

別忘了刷牙齒的咀嚼面以確保刷到了最裏面的牙齒。

用同樣的方法清潔所有牙齒的表面。

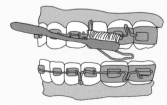

最後清潔矯正器，先刷上面的矯正器，再刷下面的。輕輕地刷，小心別碰壞或彎曲矯正器的托槽和鋼絲。

飾齒和紋齒 ▶

在西方，一種早已盛行的，無任何生理功能，純屬裝飾性的美齒方法——飾齒和紋齒，近年來悄然興起，日益得到時尚一族的喜愛。

紋齒

由紋眉、紋眼線、紋唇演變而來，指求美者要求醫生用細車針在真牙表面紋上自己喜愛的圖案、紋字，再塗上不易脫落的顏色，以此滿足自己獨特的需求，這種方法會對天然牙造成一定損傷。

飾齒

飾齒——通過在牙齒上裝飾水晶、寶石等飾物達到美容牙齒、張揚個性的效果。飾齒主要形式：

1. 水晶美牙

在天然牙唇面貼上一顆或幾顆水晶。技術操作十分簡單，不破壞牙齒本身，對牙齒健康基本無損。

2. 寶石假牙

將寶石鑲嵌於假牙唇面。利用活動或固定假牙為載體來實施牙齒美容，不對天然牙造成損傷。

3. 鑲嵌式飾齒

在天然牙唇面鑽孔備洞，將鑽石、珠寶鑲嵌其中。此式必然破壞牙齒的正常生理結構，飾物週邊日久易繼發齲病、牙髓炎。

4. 套冠式飾齒

將天然牙兩側預備出間隙，用黃金、白金或鈦合金等貴金屬製作冠套，冠套的唇面按事先設計的圖形磨穿，當冠套戴入天然牙後，即顯示出牙體本色的陰陽圖案。天然牙上的套冠在臨床上常常用來保護、修復患牙或用作固定假牙修復中的橋體，其整體是密閉的。套冠式飾齒在冠套唇面開窗將牙體預備後的牙體組織直接暴露在外，有損牙齒健康，易造成齲病、牙髓炎等疾病。

牙齒美容的謬誤 ▶

想要變得美麗沒有什麼錯誤，但是不能盲目跟風。以下是一些常見的牙齒美容謬誤：

謬誤一：唯烤瓷牙論

烤瓷牙在很多人心目中是萬能的美牙方法。其實，烤瓷牙只是牙齒美容的治療方法之一，在一些情況下並不是最佳選擇。例如，牙齒排列不齊的患者，矯正往往是首選的治療方法，即通過移動牙齒將之排列整齊。如果牙齒顏色、形態存在缺陷，則可採用貼面修復的方法來獲得美觀的效果。

目前，除了烤瓷冠之外，還有全瓷冠、鑄瓷冠等，而無論用何種材料，這種美牙方法的大前提都是對牙齒進行磨削使之變小，有時甚至還需要使牙神經失活。由此可見，這種牙齒美容的方法對牙齒有一定的損害。因此，做烤瓷牙需謹慎。

謬誤二：拔牙再鑲論

儘管鑲牙的技術、材料不斷更新，但是目前尚沒有哪種方法能夠確保鑲出來的牙齒具有超越正常天然牙的功能。所以，只要歪牙能夠矯正，只要牙根能夠利用，要盡量保留天然牙齒。除非患牙已經沒有治療價值，如牙齒過於鬆動等情況，才會考慮將天然牙拔掉。

謬誤三：嚮往「明星牙」

從牙齒美學的角度來說，由於性別、年齡、臉型、膚色、個性等諸多因素各不相同，每個人適合的牙齒外形也是不同的，醫生在進行美學設計時，會根據患者的具體情況綜合考慮。只有適合自己的牙齒美容，才能達到最好的效果。

謬誤四：牙齒越白越好

　　牙齒外層是硃瑯質，具有半透明特性，硃瑯質內層的象牙質顏色並不是白色的，而是偏黃色，它的顏色會部分透過硃瑯質，從而使牙齒顏色有一定的淺黃色。所以，牙齒並不是越白越好。看起來自然，與自身膚色、性格協調的牙齒顏色才是最好的。只有牙齒顏色過深而影響美觀者，才需要通過一定的治療方法加以改善。

　　況且，目前美白的原理大多採用的是漂白。漂白對硃瑯質會產生一定的影響，可使牙齒變「酸」，尤其是單純為了追求漂白效果而使漂白劑的濃度過大時，還會影響牙齒的結構，易使牙齒脫鈣。

謬誤五：一勞永逸論

　　「大夫，我的牙齒做完了，就再也不會出問題了吧？」有這種想法的人並不在少數，但是可望而不可及的。且不說牙齒美容後也要細心維護，如注意保持口腔衛生，避免用瓷牙咬過硬的食物等，還要定期覆診；就說牙齒美容的材料也都是有一定使用壽命的，每個人的牙齒情況也在不斷變化。所以無論什麼時候，做哪一種牙齒美容，都不能抱着一勞永逸的想法。

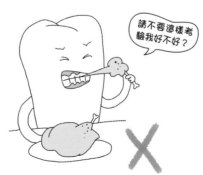

請不要這樣考驗我好不好？

附錄：香港牙科保健服務資訊

衛生署學童牙科保健服務
網址：http://www.schooldental.gov.hk

衛生署口腔健康教育組
網址：http://www.toothclub.gov.hk

香港註冊牙科醫生名單
網址：http://www.dchk.org.hk/list/re-a1.htm

菲臘牙科醫院

地址	電話	傳真	電郵
香港西營盤醫院道 34 號	2859 0238	2517 4179	enquiry@ppdh.org.hk

學童牙科診所

診所名稱	診所資料
鄧肇堅學童牙科診所	⌂ 香港灣仔皇后大道東 286 號麥理浩牙科中心一字樓 / 五字樓 ☎ 2892 2147　2892 2148 / ☏ 2892 2125
亞皆老街賽馬會學童牙科診所	⌂ 九龍亞皆老街 147J 一字樓 / 三字樓 ☎ 2760 5214 / ☏ 2760 5232
藍田學童牙科診所	⌂ 九龍藍田啟田道 99 號藍田分科診所二字樓 ☎ 3163 4530
下葵涌學童牙科診所	⌂ 新界葵涌麗祖路 77 號下葵涌分科診所及特殊教育服務中心一字樓 ☎ 3651 5587
尤德夫人學童牙科診所	⌂ 新界沙田插桅杆街 31-33 號一字樓 ☎ 2210 1678
屯門學童牙科診所	⌂ 新界屯門震寰路 16 號 ☎ 2460 5667
粉嶺學童牙科診所	⌂ 新界粉嶺壁峰路 2 號粉嶺健康中心二字樓 ☎ 2639 4646